Der spirituelle Pionier

KURT TEPPERWEIN

zu neuem Geldbewusstsein, Glück und Erfolg

WOHLSTAND ist für ALLE da

3. Auflage 2025

Gestaltung, Satz und Herstellung: Martina Köhler
Lektorat: Hildegard Brendel
Druck: CPI – Ebner & Spiegel, Ulm

ISBN 978-3-86470-090-3

Bibliografische Information der Deutschen Nationalbibliothek:
Die Deutsche Nationalbibliothek verzeichnet diese Publikation in der Deutschen Nationalbibliografie; detaillierte bibliografische Daten sind im Internet über <http://dnb.d-nb.de> abrufbar.

BÖRSEN MEDIEN
AKTIENGESELLSCHAFT

Postfach 1449 • 95305 Kulmbach
Tel: +49 9221 9051-0 • Fax: +49 9221 9051-4444
E-Mail: info@plassen-buchverlage.de
www.books4success.de
www.facebook.com/plassenverlag
www.instagram.com/plassen_buchverlage

INHALT

Einklang

Wohlstand, welch wunderbares Wort. Jeder Mensch mag dieses Wort anders interpretieren. Es kann auch nicht anders sein, dass jeder Mensch die Dinge aus seiner persönlichen Sichtweise aus betrachtet. Was ist Wohlstand eigentlich? Was für den einen Wohlstand ist, ist für den einen lächerlich, für den anderen überzogen und für den Nächsten überflüssig. Der eine sitzt in der Natur und beobachtet die Tier- und Pflanzenwelt und erlebt das als Wohlstand. Der andere trachtet nur nach geistiger Erfüllung und sieht es als sein Wohlsein an. Ein Weiterer wiederum sucht die Erfüllung in materiellen Dingen und behauptet, dass dies der einzige richtige Wohlstand sei. Wohlstandsbewusstsein ist aber etwas ganz anderes. Es bedeutet, sich in allem wohlzufühlen und mit dem Leben eins zu sein. Nicht zu hadern und sich nicht zu ärgern, wenn mal alles so richtig schiefläuft, sondern auch dann in Gelassenheit zu verweilen. Wer kann das schon? Jeder! Wer es noch nicht versucht hat und auch nicht danach trachtet, dies zu erreichen, kann auch nicht sagen, dass es schwierig ist. Es sollte eigentlich das Einfachste der Welt sein, so zu sein, wie wir vom Leben gedacht sind. Wir alle sind Teil einer Ganzheit und auch wenn wir in unterschiedlichen Körpern erscheinen, so sind wir geistig doch ein und dasselbe.

Nun, was auch immer die Menschen unter Wohlstand verstehen, es gibt keinen, der richtig oder falsch lebt und es gibt auch keinen besseren oder schlechteren Weg. Wie kann man sagen, dass es schlecht ist, wenn jemand nur dem Geld hinterherläuft? Hat er nicht ein Anrecht, seine Erfahrungen zu sammeln und würde er es nicht anders machen, wenn er es anders könnte? Vielleicht ist er nicht in der Lage, es anders zu tun, weil genau dieser Weg sein Weg ist. Jeder hat seinen Weg, deshalb gibt es auch keinen richtigen. Es ist eine schöne Vorstellung, wenn alle Menschen damit aufhören würden, ihren Nächsten zu bekritteln. Jeder hat am anderen etwas auszusetzen und kaum einer scheint zu bemerken, dass der andere gar nicht anders kann. Jeder gibt seiner Entsprechung nach das Beste. Woher nehmen wir uns das Recht, dem anderen Verbesserungsvorschläge und Ratschläge zu geben? Was für uns gut ist und uns geholfen hat, ist für den anderen nicht unbedingt richtig. Für uns mag es hilfreich gewesen sein, aber bei Milliarden von Menschen gibt es auch Milliarden von Möglichkeiten, die alle ihre Berechtigung haben. Niemand kann sagen, was Wohlstand genau ist, da es für jeden etwas anderes ist. Wer im Wohlstandsbewusstsein lebt, hat durchschaut, dass alles, was geschieht, absolut „gut" ist.

Man hört immer wieder, dass geistig orientierte Menschen finanziell knapp leben müssen, um die Erfahrung zu machen, dass Geld nicht wichtig ist: Dies ist ein Ammenmärchen. „Spiritualität" kann mit viel Geld genauso wie mit wenig Geld erfahren werden. Die äußeren Umstände sind komplett irrelevant. Es geht nur darum, keine Bindung zu dem, was man zu „besitzen" glaubt, zu entwickeln. Wenn ein Mensch vieles im Überfluss hat und ihm morgen alles genommen wird, ist er in der Regel am Boden zerstört. Solch eine Reaktion entspringt nicht dem Wohlstandsbewusstsein. Wer in solch einer Situation gelassen und von diesen äußeren Umständen unberührt bleibt, der ist nicht nur sehr bewusst – er lebt es. Und genau darum geht es in diesem Buch. Es geht nicht darum, noch mehr Wissen zu sammeln und die Bestätigung dafür zu erhaschen, wie gut man ist, dass man das ja immer schon alles wusste und somit auf dem richtigen Weg ist. Es geht einzig und allein darum, dieses Urwissen zu leben und im Leben umzusetzen. Aus diesem Grund ist das Buch in drei Säulen unterteilt, wobei das Bewusstsein, das Fundament bildet. Auf diesem Fundament steht die Kulisse der materiellen Erscheinungswelt, gefolgt vom Werkzeug, das den Menschen dabei hilft, seine (Lebens-)Kulissen zu formen.

Ich wünsche Ihnen viel Spaß dabei, das Leben endlich zu leben und damit zu beginnen, Wissen nach außen zu tragen und zu erfahren. Nur Erfahrungen sind wertvoll, weil Wissen ohne Erfahrung verlorenes Gut ist.

DAS FUNDAMENT

SÄULE 1: BEWUSSTSEINS-Ebene

Vom Ich-Bewusstsein zum Beobachter der JETZT-Zeit

Was ist eigentlich Schicksal?

Daher muss man sich durchringen zur Freiheit; diese aber erreicht man durch nichts anderes als durch Gleichgültigkeit gegen das Schicksal.

– Seneca

Jeder Mensch hat ein Schicksal, aber kaum jemand fragt sich, wie Schicksal entsteht. Es gibt keine Schicksalsverteilungsstelle und auch das sogenannte Karma ist keine Erklärung, weil sich auch hier die Frage stellt, wie Karma entsteht. Es ist tatsächlich so, dass wir in jedem Moment das, was als unsere erlebte Realität in Erscheinung tritt, verursachen. Dies geschieht meist unbewusst. Also könnten wir auch ganz bewusst unsere Lebensumstände selbst bestimmen und nicht ständig Schicksal verursachen, das wir gar nicht erleben wollen.

Wenn Sie wissen wollen, was Sie gerade anziehen, sollten Sie sich bewusst machen, wie Sie sich fühlen, das zeigt Ihnen zuverlässig, wie Sie gerade denken. Ihre Gefühle sind so etwas wie Ihr zuverlässiges „Frequenz-Feedback-System". Wenn Sie sich nicht gut fühlen, ist das eine Einladung des Lebens, Ihre Gedanken zu ändern. Und wenn Sie dem folgen, werden Sie sich nicht nur gleich besser fühlen, sondern auch Ihre Realität wird sich dadurch zum Besseren wandeln. Sie bekommen vom Leben immer nur das, was Sie fühlen, auch wenn Ihre Gedanken der Auslöser sind. Es ist schon lange kein Geheimnis mehr, dass alle Menschen über Schöpferkraft verfügen und trotzdem tut die Menschheit so, als wäre es anders. Als gäbe es ein böses Schicksal, das es mit manchen Menschen gut und mit anderen wiederum schlecht meint. Das böse, böse Leben! Wenn irgendetwas geschieht, gibt man dem Leben die Schuld und tut so, als wäre man das Opfer. Das Leben kann nur das bewirken, was Sie verursacht haben. Wie kann es anders sein?

Als Schöpfer ist jeder Mensch ständig in der Lage, sein Schicksal, seine Zukunft, ja sein ganzes Leben zu verändern und zu gestalten. Sie bestimmen Ihren Wohlstand, Ihre Gesundheit, Ihren Erfolg, Ihren Wohlstand und Ihr Glück selbst. Warum? Weil sich Ihr Leben als Ihre erlebte Realität manifestiert. Dass Sie hier und jetzt auf Erden leben, ist eine Tatsache, und deshalb sollten Sie von Ihrem Schöpfertum Gebrauch machen und Ihr Leben endlich selbst bestimmen. Nehmen Sie Ihren Wohlstand selbst in die Hand und beginnen Sie sofort damit, sich gesund zu fühlen oder wohlhabend, erfolgreich und liebevoll zu sein. Sobald Sie Ihr Bewusstsein ändern, beginnt sich die Wirkung Ihres Soseins im gleichen Augenblick zu verändern. Das Universum beginnt nämlich sofort damit, die entsprechenden Umstände zu manifestieren. Die universellen Gesetzmäßigkeiten kennen keine Ausnahmen und machen auch keine Fehler. Niemand außer Ihnen kann Ihre Gedanken auswählen und Ihre Gefühle bestimmen. Denken und fühlen Sie immer noch unkontrolliert? Gedanken und Gefühle bewusst zu steuern ist ganz einfach. Sie haben das noch nie gemacht? Es wäre ein guter Zeitpunkt, augenblicklich damit zu beginnen. Sie können so Ihr eigenes Wohlstands-Universum erschaffen. Welches Universum haben Sie bisher kreiert?

Das Universum sagt: „Dein Wunsch ist mir Befehl!“ Bestellungen braucht man nicht zu wiederholen. Es reicht vollkommen aus, es einmal zu tun. Wenn Sie wissen und es auch verinnerlicht haben, dass Sie empfangen werden, haben Sie bereits empfangen. Diese innere Gewissheit ist kein Wunsch, es ist eine innere Überzeugung, dass es bereits ist, bevor es sichtbar geworden ist. In dem Moment, wo Sie bestellen, sollten Sie immer glauben und wissen, dass es bereits geschehen ist. Die Realität ordnet sich entsprechend Ihrer Bestellung neu aus, d.h. jeder Gedanke ist eine Bestellung. Ohne es zu bemerken, bestellen Sie wieder etwas Neues oder anderes, eventuell auch die vorangegangene Bestellung wieder ab. Aus diesem Grund sollten Sie mit Ihren Gedanken achtsam umgehen. Sie brauchen dem Leben nicht zu sagen, was genau Sie wollen. Das Leben wird Ihnen immer das Richtige liefern.

Wenn Sie etwas befürchten oder Zweifel haben, wird das Leben genau diese Befürchtungen wahr werden lassen. Dann ist aber nicht das Leben schuld, weil Sie ja Zweifel gehegt haben, die Sie zukünftig ohnehin auch sein lassen können. Das Leben zweifelt nicht, es führt nur Bestellungen aus, und was immer Sie ausstrahlen, werden Sie in Ihr Leben ziehen. Nicht mehr, nicht weniger und nichts anderes, genau das, was Ihnen entspricht.

Der ganze Kosmos ist ein Informationsfeld, das nur als scheinbare Masse oder Energie in Erscheinung tritt. Dieses allumfassende Informationsfeld unterliegt einem stetigen Wandel und wird niemals gleichbleibend sein. Es ist immer bereit, jede gewünschte Form anzunehmen. Es kann ja nicht anders, als einer Ursache zu folgen. Wenn Sie sich Mineralwasser in ein Glas einschenken, werden Sie keinen Apfelsaft daraus trinken können. Schenken und laden Sie in Ihr Leben nur Wohlstand ein, um Wohlstand zu erfahren. Visualisieren ist der Schlüssel zur bewussten Schöpfung.

Alles, was Sie sich vorstellen können, ist bereits geistig da. Es braucht nur noch in Erscheinung gerufen werden. Visualisieren ist schöpferische Imagination und bedeutet das Leben gezielt zu erschaffen. Es ist der unmittelbare Ausdruck unserer Schöpferkraft. Imaginieren Sie, dass Sie jetzt empfangen und ganz gleich, was es ist, es wird im gleichen Augenblick verwirklicht sein. Nun braucht es irdische Zeit, damit es sich manifestieren kann und aus der geistigen Ebene in die Sichtbare eintreten kann. Auch Dankbarkeit und Glücksgefühle können imaginiert werden. Das inspiriert das Leben dazu, Ihnen konkrete Gründe zu liefern, die Sie glücklich machen und Ihnen Dankbarkeit schenken werden.

Sätze wie „Das kann ich mir nicht leisten!", verhindern Ihren Wohlstand zuverlässig, weil dieser Satz ebenfalls eine Bestellung ist. Mit diesem Satz sorgen Sie dafür, dass Sie sich auch zukünftig nichts leisten können. So sollten Sie Ihre Schöpferkraft nicht nutzen, denn es bewirkt genau das, was Sie eigentlich verhindern wollen. Es braucht auch keine Vorstellung darüber, wie das Universum Ihren Wunsch erfüllen soll. Es weiß wohl als Einziger, was zu tun ist. Die Vorstellung, wie es gehen könnte, begrenzt höchstens die universellen Möglichkeiten.

Sobald wir uns als das Eine erkannt haben, gibt es das, was wir als Probleme, Kummer, Ärger, Ängste oder Leiden bezeichnen, nicht mehr. Warum? Weil wir, sobald wir zu Bewusstsein gekommen sind, den Unterschied zwischen Wahrheit und Unwahrheit unmittelbar erkennen werden. Diese Erfahrung ist durch Erinnerung an die Wirklichkeit des höchsten Selbst als wahres Ich gegeben. Es gibt nur ein Ich und das sind wir selbst. Das, was wir als Ich bezeichnen, ist Illusion oder besser gesagt das Werkzeug des universellen Ichs. Wir haben uns vorübergehend selbst, unser Selbst vergessen und es wartet nur darauf, wiederentdeckt zu werden.

Eigentlich gibt uns das Leben perfekte Hilfestellungen. Eine davon ist der Spiegel unserer Lebensumstände, der uns zurechtweist und somit auch zeigt, wie wir sind. Dieser Spiegel funktioniert nach den Gesetzmäßigkeiten „Wie im Innen, so im Außen“ und es ist ganz unwichtig, ob wir bereits erwacht sind oder ob wir immer noch glauben, ein persönliches Ich zu sein. Unsere Lebensumstände spiegeln uns zuverlässig wider und lassen keine Veränderung aus. Die Gerechtigkeit des einen Seins wird nie etwas hinzufügen oder weglassen, es ist absolut identisch und fair.

Eine weitere Hilfestellung sind unsere Emotionen. Unser Gefühl weiß immer alles besser und meist schon, bevor etwas geschieht. Deshalb sollten wir uns darauf verlassen und uns nicht nach dem Verstand ausrichten. Auch wenn es unlogisch erscheint und nicht gleich offensichtlich ist, wir sollten immer unserem Gefühl folgen und genau das leben, was uns unser Empfinden mitteilt. Dieses emotionale Feedback hat den Vorteil, dass es uns jede Veränderung unseres Soseins umgehend spiegelt. Es zeigt uns, wie sehr oder wie wenig wir im Einklang sind.

Fühlen wir uns gut, können wir uns sicher sein, dass wir im Einklang mit uns selbst sind. So harmonieren wir mit der gesamten Schöpfung und sind ein vollkommener Teil dieser einen Kraft. Fühlen wir uns aber unwohl, dann wissen wir, dass etwas zu tun ist. Wahrscheinlich sind wir nicht ganz bei uns, verärgert, genervt oder krank, aber das können wir ändern. Um einen notwendigen Schritt in die Wandlung zu tun, ist es wichtig, uns unserer wahren

Identität bewusst zu sein. Unser persönliches Ich leistet ständig Widerstand und will das Leben stets manipulieren. Wann hören wir endlich damit auf, das Leben verändern zu wollen? Und wann erfreuen wir uns an dem, was jetzt ist?

Beginnen wir also die Reise des Erkennens ganz bewusst zu erleben, unbewusst nehmen wir ja schon teil. Niemand kann an dieser Reise nicht teilnehmen, aber viele tun es unbewusst. Sie fungieren als Spielball und glauben zwar etwas ändern zu können, versuchen dies aber immer im Außen. Im Außen kann man nichts verändern, weil sich erst durch eine innere Wandlung eine Veränderung im Außen ergeben kann. Das sogenannte Außen ist ja nichts anderes als die Spiegelung unserer Gedanken. Es ist nicht schlimm, wenn Sie immer noch Teil einer Reisegruppe sind, der nicht weiß, die Richtung bestimmen zu können. Alles geschieht zu seiner Zeit. Keiner kann zu früh oder zu spät erwachen. Der richtige Zeitpunkt des Erwachens ist dann, wenn er passiert. So einfach ist es. Und so geschieht das Wunderbare: Sie entdecken sich als das eine Sein. Leichtigkeit und Mühelosigkeit stellen sich ein und Wohlstand ergibt sich ganz von selbst.

Erst wenn Bewusstsein so weit erwacht ist, wird diese Reise auch sinnvoll erscheinen. Nun beginnt Selbstverwirklichung und die Frage „Wer BIN ich?“ bekommt eine ganz andere Bedeutung. Sie wird nicht verstanden, aber verinnerlicht und der Erkenntnis steht nichts mehr im Wege. Auf essenzielle Fragen werden keine rationalen Antworten mehr gesucht, sondern die Fragen werden nach innen gerichtet. Die Antworten geschehen emotional und still. Man „versteht“ sie , ohne sie vom Kopf her zu verstehen.

Auch wenn es logische Erklärungen oder Antworten gäbe, sie würden uns nicht wirklich weiterhelfen. Wir „müssen“ fühlen und verinnerlichen, was die Wahrheit ist. Es gibt nichts, was verstanden werden kann. Bisher hatten wir unsere ganz individuellen Wahrheiten. Es geht aber nicht um die Wahrheit unserer Person, sondern um die eine Wahrheit selbst. Die Wahrheit des Selbst liegt jenseits des Denkens. Wir können uns aber nicht für den Weg der Wahrheit und für den Weg der Illusion entscheiden. Haben wir uns erst für die eine Realität entschieden, gibt es keinen Weg mehr zurück in ein altes, bequemes Leben. Auf diesem neu entdeckten und direkten Weg gilt es, all das loszulassen, was nicht zu dieser Wahrheit führt. Es gibt keine Vergangenheit mehr, die einen belasten kann und keine Zukunft, die man fürchten muss, weil man ja im Jetzt lebt. Im Jetzt gibt es zwar Gedanken, doch denen gibt man keinen Raum mehr.

Alles ist „gleich-wertig" und von Bedürfnissen und Feststellungen befreit. Die Zurückgewinnung der wahren Identität ist so selbstverständlich und gleichzeitig ist sie vollständig gegenwärtig. Das Leben bekommt eine ganz andere Intensität, ohne dass man sich darin verwickelt. Das Leben beginnt ganz zu sein und der Wohlstand folgt Ihnen unaufhörlich, ohne sich jemals wieder abschütteln zu lassen. Willkommen im Jetzt!

Loslassen als Weg ins Wohlstandsbewusstsein

Beim Streben nach Wissen wird täglich etwas hinzugefügt.
Bei der Einübung ins Tao wird täglich etwas fallen gelassen.

– Laotse

Alles, was nicht mehr zu Ihnen gehört, loszulassen, ist vielleicht nicht so einfach. Es wäre einfach, wenn man keine Bindungen entwickeln würde. Doch schwieriger scheint es zu sein, erst einmal zu erkennen, was nicht mehr zu einem passt und somit losgelassen werden sollte. Zu sehr hängen wir in alten Strukturen und Gewohnheiten fest und klammern uns an Dinge, ohne uns dessen überhaupt bewusst zu sein. Beginnen wir also damit hinzusehen, was nicht mehr stimmt. Was passt nicht mehr in unser

Leben? Was ist längst überholt und kann verabschiedet werden? Erst wenn wir uns dessen bewusst geworden sind, können wir das loslassen, was nicht mehr zu uns gehört. Wenn wir Reaktionen, Angewohnheiten, Ereignissen, Umständen und Gefühls- und Gedankenmustern keine Aufmerksamkeit mehr schenken, werden sie automatisch aus unserem Leben verschwinden.

Etwas loszulassen bedeutet also nicht etwas loszuwerden oder aus dem Leben zu verdrängen, sondern dem ganz gezielt keine Aufmerksamkeit mehr zu schenken.

Loslassen ist ein Vorgang, an dem ich bewusst beteiligt bin. Seinlassen hingegen ist so etwas wie dem keine Aufmerksamkeit mehr zu schenken und sich anderen Dingen zuzuwenden, wobei das, was losgelassen werden soll, unbeachtet bleibt. Man findet es weder gut noch schlecht, sondern kümmert sich nicht mehr darum. Loslassen ist weder ein Vorgang noch ist es eine Handlung. Wenn ich also etwas nicht mehr will, schließe ich es nicht aus dem Leben aus, sondert gestatte ihm so zu sein, wie es ist und das ohne mich. Man könnte sagen, es geht darum, die Einstellung und die Sichtweise zu verändern und seine Frequenz zu erhöhen. Durch diese veränderte Energie werden die unerwünschten Dinge automatisch von einem abfallen können.

Situationen verändern sich nicht dadurch, dass man sie im Außen verändert, sondern dass man seine Energie ändert, die diese Dinge ins Leben gerufen hat und somit aufrechterhält.

Vergangenheit, Ängste, Beziehungskonflikte, negatives Denken, Ärger und überholte Programme können von einem abfallen und sich ganz natürlich lösen. Wenn Sie neue Ursachen setzen und die Gegebenheiten nicht mit Gedanken und Gefühlen nähren, wird sich das ganz von selbst harmonisieren. Es ist wichtig, zu wissen, dass loslassen nichts ist, was man tun sollte, sondern notwendig ist, um Neues in sein Leben einzuladen. Es braucht auch den notwendigen feinstofflichen Platz, um sich verwirklichen zu können. Wenn Ihr Leben sowie Ihr energetischer Raum aber mit Altlasten und überflüssigen Gedanken und Umständen ausgefüllt ist, wie soll Erneuerung geschehen? Stellen Sie sich vor, Sie stellen all Ihren Müll, Ihre alten Möbel und Einkäufe auf den Dachboden. Irgendwann wird Ihnen dieses Gerümpel um die Ohren fliegen. Solange Sie nicht ausmisten, können Sie dort auch nichts Neues hineinstellen. Es braucht also Platz für Erneuerung und das beginnt damit, auf allen Ebenen seinen Seins auszumisten. Es braucht immer Platz für Erneuerung und wer gedanklich in Vergangenem und scheinbaren Problemen herumirrt, blockiert auch hier eine mögliche Veränderung. Was oder wem Sie auch immer Ihre Aufmerksamkeit schenken, es bleibt dadurch bestehen.

Auch negative Glaubenssätze, wie „Das schaffe ich nicht" oder „Man kann im Leben nicht alles haben" sind dafür verantwortlich, Wandlungen zu verhindern. Ersetzen Sie Ihre Zweifel durch hilfreiche Glaubenssätze wie z.B. „Ich bin ein Gewinner und erreiche sicher mein Ziel!" oder „Veränderung ist bereits geschehen!" und Sie werden sehen, dass sich das positiv auf Ihr Leben auswirken wird. Auch der Vorstellung, wie z.B. etwas sein müsste oder dass etwas nicht „klappen" könnte, brauchen Sie nicht weiterhin Ihre Aufmerksamkeit schenken. Ziehen Sie Ihre Aufmerksamkeit ab, lassen Sie los und, indem Sie ab sofort nur noch die richtigen Ursachen setzen, hat das Leben keine Wahl, etwas Anderes hervorzubringen. Ändern Sie auch Ihre Gewohnheiten, die für Ihre Vorhaben nicht hilfreich sind und erschaffen Sie durch die „Macht der Wiederholung" neue und erfolgsfördernde Gewohnheiten. Die Ausrichtung Ihres „Schicksals-Auswahlempfänger" bestimmt Ihre Lebensumstände und Ihre Zukunft. Deshalb sollten Sie mit Ihren Gedanken und Gefühlen achtsamer sein. Achtsamkeit ist ein wichtiger Baustein, um ins Wohlstandsbewusstsein zu kommen.

Denken Sie nicht jeden Gedanken zu Tode und überprüfen Sie, wo Gedanken entstehen. Setzen Sie das Denken gezielt ein und nutzen Sie es, um bestimmte Wirkungen zu erzielen. Jeder Gedanke setzt eine Ursache und negative Gedanken ziehen dementsprechende Wirkungen nach sich. Lassen Sie Ihre Gedanken los, indem Sie Ihre Aufmerksamkeit von ihnen abziehen, auch wenn sie noch so verlockend erscheinen. Sich in Erinnerungen oder Wünschen zu verlieren verhindert nur, dass es besser werden kann und das wollen Sie ja nicht, oder?

Wie Leid entsteht

Alles Wollen *entspringt aus Bedürfnis, also aus Mangel, also aus Leiden.*

– Arthur Schopenhauer

Wir alle sind hierhergekommen, um Erkenntnisse zu sammeln und bestimmte Erfahrungen zu machen. Aber auch, um unser Leben bewusst zu gestalten und die Wahl zu treffen, wie wir es gerne haben möchten. Leben heißt wählen, doch viele Menschen wissen das nicht. Die höchste Wahl ist unser Selbst, unser Bewusstsein. Ich meine mit Wahl also nicht, einen neuen Job, Harmonie oder einen Partner zu wählen, sondern die Wahl zu treffen, sich als Bewusstsein zu erfahren – aus der Ebene des Seins heraus zu leben. Sobald wir uns dem Höchsten in uns zugewandt haben, entziehen wir uns dem Resonanzfeld für das Niedere. Damit kann uns Unerwünschtes und Negatives nicht mehr erreichen. Wir brauchen mit Stress, Mangel, Aggression, Angst, Ärger, Problemen, schlechter Laune, Krankheit, Enttäuschung und Schuldgefühlen nicht einverstanden zu sein, sie werden trotzdem weiterhin bestehen. Ob wir nun etwas bejahen oder ablehnen, es ändert nichts daran, dass es ist, wie es ist. Wir führen mit dem Leben eine disharmonische Beziehung, wenn wir ständig gegen etwas sind. Vielmehr sollten wir das Leben mit all seinen Facetten bedingungslos bejahen! Aussichtslosigkeit, unerfüllte Wünsche, Krankheit, Liebeskummer, Erfolglosigkeit und vieles mehr bezeichnen wir als Leid. Leiden existiert nicht wirklich. Wären wir mit dem, was ist, immer einverstanden, würden wir dieses Wort gar nicht kennen. Leiden entsteht im Kopf und aufgrund von Vorstellungen, die komplett unreal sind. Leid entsteht durch eine Nicht-Akzeptanz, ein Nicht-Einverstandensein und ein Verändern-Wollen der Umstände. Leid entsteht also, wenn Widerstand auftaucht.

Leid ist also die Folge einer Bewusstseinshaltung und kann somit nichts Reales oder Eigenständiges sein.

Das, was wir als Leid bezeichnen, entsteht aus einem Widerstand heraus. Es gibt nur zwei Gründe für Leid:

1. Ablehnung (Ich will weg von ...)
2. Haben wollen (Ich will hin zu ...)

Hinter diesem Wollen steht das persönliche Ich, das Denken, das Ego. Deshalb sollten wir uns erst einmal bewusst machen, wer dieses Ich überhaupt ist. Wenn Sie sagen „Ich habe ein Problem“, haben Sie das zwar festgestellt, wissen aber gar nicht, wer überhaupt ein Problem hat. Wer ist dieses Ich, das da behauptet ein Problem zu haben. Bin das ich und was bin ich wirklich? Der Mensch denkt ständig über „sein“ Problem nach und ist besessen davon, es loswerden oder verändern zu wollen. Doch nur wenn ich meine Aufmerksamkeit vom vermeintlichen Problem abziehe und damit aufhöre, es zurechtbiegen zu wollen, wird sich etwas ändern können. Wir sollten endlich herausfinden, wer diese

Veränderung möchte. Nur wenn wir unsere wahre Identität herausfinden, werden wir die Ursache erkennen. Das Leben kann nicht verändert, sondern nur durchschaut werden. Wir neigen dazu, in scheinbaren Gegebenheiten und Empfindungen, Sichtweisen und Meinungen stecken zu bleiben und es fehlt an Mut, das Leben etwas genauer zu betrachten. Erforschen wir also das, was scheinbar etwas will und entdecken wir endlich das, was wir wirklich sind. Solange wir unsere wahre Identität nicht kennen, können wir auch nicht behaupten, dass „ wir" ein Problem haben, wenn wir nicht einmal wissen, was es mit dem Wir auf sich hat.

Wer erlebt das, was ich erlebe? Als wer erfahre ich es? Wer hört, wenn ich etwas höre? Wer handelt, wenn ich handle? Wer sieht, wenn ich etwas sehe? Wer spricht, wenn ich spreche? Spreche ich? Bin ich das wirklich? Und wer ist das, der da spricht? Kann ich überhaupt sprechen? Bin ich der, für den ich mich halte?

Wir meinen „echt" zu sein und in Wirklichkeit sind wir nur ein Spiegelbild unseres Bewusstseins. Wir sind Bewusstsein, weil es nichts anderes als Bewusstsein gibt. Stellen Sie sich einmal vor, Sie schauen in den Spiegel. Dort entdecken Sie, dass Sie ein Loch in Ihrem T-Shirt haben. Jetzt können Sie den Spiegel zerschlagen, umhängen oder auch verstecken, was aber nichts an dem Loch im T-Shirt ändern wird. Und genauso verhalten wir uns im Leben. Wir versuchen ständig im Außen etwas zu verändern, um das Leben harmonischer zu gestalten, als dort zu beginnen, wo Veränderung wirklich geschieht. Veränderung geschieht VOR dem Spiegelbild, im Bewusstsein und somit immer im Innen. Tiere, Menschen, Pflanzen etc., das alles sind Spiegelungen des einen Bewusstseins. Wenn wir also feststellen, dass wir ein Problem haben, hat das Werkzeug unserer wahren Identität ein Problem, aber nicht unser wahrer Wesenskern selbst. Wir sind Bewusstsein und nicht der, der ein T-Shirt trägt, das ein Loch hat. Finden wir also heraus, was wir wirklich sind und dass Leid in der Einbildung, dessen was wir sind, entsteht und nicht in unserer wahren Essenz. Wenn uns jemand sagen würde, dass es ja gar nicht „unser" Leben ist, was uns so bedrückt, wird uns das nicht wirklich hilfreich sein. Wenn wir das aber tief in uns erkennen, können wir etwas gelassener damit umgehen. Und genau diese Gelassenheit erzeugt harmonischere Umstände, weil der Widerstand weicht und mehr Einklang entsteht. Je neutraler wir dem Leben begegnen und je weniger wir uns an Dingen stören, umso ruhiger werden unsere Reaktionen sein. Es ist ganz egal, was im Leben geschieht und wie es sich zeigt, was zählt, ist, wie wir damit umgehen werden.

Der Weg in ein neues Bewusstsein

Die Enge des Bewusstseins ist eine soziale Forderung.

– Franz Kafka

Die kommende Zeit braucht neues Bewusstsein, nur so ist ein Evolutionssprung auf die nächste Ebene möglich. Dieser Sprung wird sich jedoch erst im Außen zeigen, wenn er innerlich vollzogen wurde. Der Dimensionswechsel in den Wohlstand geschieht also immer in unserem Bewusstsein und man könnte ihn auch „Versetzung" nennen. Unsere Versetzung hängt von vielen Schritten ab, doch der einzige, der zählt, ist die Erkenntnis im Massenbewusstsein. Erst wenn jeder sich als Bewusstsein erkennt und daraus lebt, ist diese universelle Aufgabe erfüllt.

Wir bemängeln immer wieder die Weltsituation oder stellen uns gegen Gewalt und Krieg, doch in Wirklichkeit spielt sich dieser Krieg nur in unseren Köpfen ab. Wer wirklich zu Bewusstsein gekommen ist, der kann alles so sein lassen, wie es ist. Wer bewusster durch das Leben geht, wird nicht weniger schmerzvolle Erfahrungen machen, aber er wird ihnen mit Abstand begegnen können. Eine gewisse Distanz und die fehlende Identifikation mit den Geschehnissen ist wahre Befreiung. Es geht also nicht darum, eine Situation zu verändern, sondern seine Sichtweise dazu zu verändern und die Empfindungen zu reduzieren.

Je mehr man die Dinge loslässt und anschließend sein lassen kann, umso mehr wird man sich aus Wertungen lösen. Reines Bewusstsein, dass das SELBST ist, kann die Dinge einfach sein lassen, ohne etwas zu wollen oder sich einzumischen. Die Frage, die wir uns also alle stellen sollten, ist, ob auch wir bereit dazu sind, in ein neues Bewusstsein einzutreten und somit auch in eine neue Dimension. Sind Sie bereit?

Natürlich sagen viele Menschen sofort Ja, doch dieses Ja ist kompromisslos und entscheidet sich für das Bewusstsein. Da alles Bewusstsein ist, ist es eine Entscheidung für alle, die materiellen Dinge hinter sich zu lassen. Es ist keine Entscheidung für das höchste Selbst und gegen das Ego, sondern eine Entscheidung, die nichts ablehnt und nichts bevorzugt. Es ist eine bedingungslose Entscheidung, die sich für einen einzigartigen Weg entschieden hat.

Um zu der bevorstehenden Entwicklung und dem kommenden Dimensionssprung Ja zu sagen, dazu sind wir hier. Dieses Ja ist der Schritt von der Illusion, die wir noch als „unsere Realität" bezeichnen, in die einzige Wirklichkeit. Diese Wirklichkeit kann man nicht sehen und auch kann man sie nicht beschreiben. Sie ist und bleibt das unbeschreibbare Eine. Nun sollte ein jeder Einzelne die Verantwortung übernehmen und eine Wahl treffen, um sich dem neuen Wohlstandsbewusstsein zu öffnen. Ist es sinnvoll weiter zu schlafen oder endlich die Bereitschaft für den Aufstieg auch zu leben? Es gibt kein „entweder/oder", aber auch kein „richtig" und „falsch". Es gibt nur eine vollkommene Entscheidung, damit sich der Wandel vollziehen kann. Wir alle können etwas dazu beitragen und zwar, indem wir uns als Bewusstsein erfahren. Bei unserer Geburt treten wir in die Vergessenheit ein und beginnen den Traum des Lebens zu träumen. Das Bewusstsein wird durch den Körper begrenzt und kann über die Sinne auch nur begrenzte Erfahrungen machen. Je mehr sich das Bewusstsein weitet, umso feinfühliger wird der Mensch. So stehen ihm über seine direkte Wahrnehmung jenseits der Sinne wieder alle Möglichkeiten einer unverfälschten Wahrnehmung zur Verfügung.

Was auch immer passiert, es ist gut zu wissen, dass eines Tages alle Begrenzungen wegfallen werden. Und es ist auch gut, dass das, was wir als Leid bezeichnen, nur vorübergehend ist und keinen Bestand hat. Der schöpferische Auftrag ist erledigt, wenn wir wieder wissen, was wir sind, was die Welt und was Wirklichkeit ist. Doch bis dahin ist es ein Weg, der sehr viel Ausdauer verlangt. Wenn wir auf die Erde kommen, erschafft sich das Bewusstsein eine Persönlichkeit mit bestimmten Eigenschaften und Fähigkeiten, die sich als „ICH" erlebt. Um innerhalb der individuellen Lebensabsicht bestimmte Erfahrungen zu machen, ist das notwendig. Wenn wir endlich bejahen könnten, dass jede Erfahrung wertvoll ist, auch wenn wir sie nicht gut finden oder sogar ablehnen, so würden wir uns nicht mehr gegen das Leben stellen und der Kampf wäre beendet. Wenn der persönliche Kampf endet, wird es auch keine Kriege mehr geben. Wir strahlen das aus, was wir sind und erzeugen das, was wir fühlen und denken.

Der Mensch identifiziert sich fast ausschließlich mit seinem „Erfahrungs-Instrument" und bildet sich ein, dieses persönliche „ICH" zu sein. Es glaubt der Handelnde zu sein, der sein Leben ganz alleine steuert. Man versucht aus einer begrenzten Sicht heraus, das Leben zu steuern und bemerkt dadurch nicht, dass die eigentliche Absicht dabei verloren geht. Entscheiden wir uns also noch heute, ob wir unser persönliches „ICH" glücklich machen wollen oder das Glück als wir selbst erleben wollen. Als Selbst, als das Bewusstsein zu leben, heißt präsent zu sein. Es gilt die wirkliche Identität als die eine Wahrheit zu erkennen und diese auch zu verwirklichen. Bewusstsein erwacht in der Gedankenstille. Dort, wo die Wirklichkeit ist, ist niemals ein Gedanke gewesen. Setzen wir uns mit den wichtigen und grundlegenden Fragen des Lebens auseinander und verlieren wir uns nicht in der Oberflächlichkeit. Es ist eine tägliche Herausforderung, doch wer mit Geduld, Hingabe und Freude nach dem längst Vergessenen Ausschau hält, wird reich belohnt.

Wir sind der Schöpfer

Nichts wird geboren, nichts wird zerstört.
Fort mit eurem Dualismus, mit euren Vorlieben und Abneigungen.
Jedes einzelne Ding ist eben der Eine Geist.

– Huang-Po

Schöpfung geschieht ständig und in jedem Moment. Die Sprache, auf die ein natürliches Echo folgt, ist der Gedanke genauso wie die Gefühle. Gedanken, Gefühle und Vorstellungen wirken in dem Augenblick, wo wir sie zu unserer Realität erklären. Auch ein Erwachter oder ein Yogi in Indien hat Gedanken, doch er bezeichnet sie nicht als seine. Er verwickelt sich nicht darin, weil er weiß, dass er mit dem, was wir unsere Gedanken nennen, nicht das Geringste zu tun hat. Er sieht seine Gedanken wie einen Vogel vorbeifliegen. Er hält ihn nicht fest, ordnet ihn nicht ein und sieht ihm nicht nach, weil er ihm keinerlei Aufmerksamkeit schenkt. Wie oft beschweren wir uns über immer dieselben Gedanken. Doch allein wir sind es, die den Gedanken unsere Aufmerksamkeit schenken und ihnen Raum geben. Niemand außer uns selbst hängt dem nach, was eigentlich nur „vorbeigeflogen" kommt. Wir sollten die Gedanken entlassen und ihnen ihre Freiheit schenken.

Das Ego nimmt die Gedanken in seinen Besitz. Warum also beschweren wir uns. Jeder Gedanke trägt die Schöpferkraft in sich, doch der Mensch ist kein Schöpfer. Der Schöpfer ist das, was uns antreibt – es ist unser Ursprung, es ist das, was wir wirklich sind. Wir glauben nur ein Mensch mit einem Körper zu sein, wahrlich sind wir etwas viel Größeres. Es mag sein, dass wir einen Körper haben, doch dieser ist nur eine Erscheinung unseres ursprünglichen Daseins.

Da es unterschiedliche Bewusstseinsebenen gibt, kommt es immer wieder zu Missverständnissen. Wenn ich sage, dass wir alle Schöpfer sind und ein Mensch behauptet, dass ich gesagt hätte, er sei Schöpfer, ist das falsch. Ihre wahre Identität ist der Schöpfer, nicht aber Ihre körperliche Hülle. Das, was Sie zu sein glauben, hat mit dem Schöpfer nichts zu tun. Wenn Sie Aussagen aus Ihrer Ich-Perspektive persönlich nehmen, identifizieren Sie sich mit dem Ich. Sie aber sind das Selbst, das beständig ist und seit jeher besteht. Es gibt nur ein Ich und das ist das höchste Ich, das universell ist. Ein persönliches Ich gibt es nicht, doch irgendwie sind wir in das Missverständnis hineingeboren, dass es existiert. Darüber hinaus haben wir unsere wahre Identität einfach vergessen. Viele Menschen haben auch noch den Glauben übernommen, ein handelndes Individuum zu sein. Ein Irrtum, der immer noch nicht durchschaut worden ist. Wir erschaffen das, was wir als Realität bezeichnen, nur durch unser Sehen, Fühlen, Denken und Handeln. Die Wirkung folgt dem Sehen, Fühlen, Denken und Handeln und kann immer nur DEM-entsprechend sein.

Dieses persönliche Ich hat Vorlieben, lehnt viele Dinge ab und befürwortet einige. Es hat so seine ganz eigene Vorliebe und versucht ständig, das Leben nach seinem Geschmack auszurichten. Je stärker unser Bestreben ist, etwas Unerwünschtes verändern zu wollen, desto mehr wird das Unerwünschte gestärkt. Sobald wir das nicht nur verstanden, sondern auch verinnerlicht haben, sind die hervorgerufenen erwünschten Ereignisse nur die natürliche

Folge von geistigen Gesetzmäßigkeiten. Bereits das Richten unseres Bewusstseins auf einen bestimmten Aspekt des Lebens ist ein schöpferischer Akt. Sind Sie sich dessen bewusst? Bewusstsein erschafft das, worauf es gerichtet ist und jedes Lebewesen ist eine Ausdruckform des einen Bewusstseins.

Wie kann ich Einheit erlangen und zu Bewusstsein kommen? Die Frage klingt schwieriger, als sie zu beantworten ist, und dennoch kann jeder die Antwort nur in sich entdecken. Die Frage ist durchaus berechtigt und sie lautet: „Sie können nicht hineingelangen und sich auch nicht entfernen, da Sie nichts außer Bewusstsein sind!" Sie bilden sich nur ein, etwas anderes als Bewusstsein zu sein. Sie sind „das" und „im" Bewusstsein gleichzeitig, weil Bewusstsein in allem und überall gleichzeitig ist, ohne aus irdischer Sichtweise wirklich zu sein. Indem Sie Ihre Aufmerksamkeit auf Ihr Bewusstsein richten, erleben Sie sich als diese „Präsenz des Seins". Dafür müssen Sie nicht wirklich etwas tun, sondern es innerlich entdecken. Die Aufmerksamkeit stets nach innen zu richten und dort auch gerichtet zu halten, ist eine Form von Bewusstseinshaltung und keine Übung. Es ist ein Tun, im Nichtstun, indem scheinbar nichts geschieht, sich aber alles verwandelt. Dafür braucht es auch keine extra Zeit, die Sie sich nehmen müssen, sondern Sie können das 24 Stunden lang aufrecht halten, indem Sie gedanklich nicht abschweifen und auch emotional bei sich bleiben.

Was auch immer Sie gerade tun oder auch nicht tun, Sie verweilen einfach in sich. Sie wissen, dass Sie es wirklich leben, wenn Sie über nichts nachdenken und wirklich im Augenblick sind. Wie oft sind Sie gedankenfrei und bleiben von aufkommenden Gedanken unberührt? Gedanken kommen und gehen, das ist normal. Doch sich darin zu verstricken und sie bis ins Endlose weiterzudenken, das ist eine ganz andere Sache, die jederzeit gestoppt werden kann.

Gedanken zu verdrängen ist keine Lösung, um ins Wohlstandsbewusstsein zu kommen. Alle Übungen und Disziplinen, an denen wir als Ego beteiligt sind, sind und bleiben eine Täuschung und können nicht die Wirklichkeit sein. Warum? Weil das Ego ein Teil der Spiegelung der einen höchsten Kraft ist und nur als Werkzeug fungiert und selbst nur Täuschung ist. Also vertiefen alle Techniken und Wege zur Erleuchtung die Illusion der Trennung nur, ohne etwas zu bewegen.

Wir können nichts finden,
was wir nie wirklich verloren haben.

Die Illusion des ICH hat Sehnsucht nach der Wirklichkeit, aber es gibt keine Anleitung, sie zu erreichen. Die Illusion löst sich auf, sobald Sie die Wirklichkeit in sich entdeckt haben. Wir sollten also unsere individuelle Realität, die gar keine ist, verändern, und uns bemühen, die eine Realität von der Illusion zu unterscheiden.

Im Augenblick leben

Bei jedem Atemzug stehen wir vor der Wahl, das Leben zu umarmen oder auf das Glück zu warten.

– Andreas Tenzer

Jeder Mensch hat seine eigene Geschichte und es vergeht kein Augenblick, in dem diese nicht neu geschrieben wird. In genau diesem Moment haben Sie die Möglichkeit, Ihre Geschichte neu zu bestimmen und vollkommen zu verändern. Nur wenn Sie Ihre Fähigkeiten nutzen und Ihr Potenzial entdecken, wird Ihnen das auch gelingen. Sie haben die Wahl, das auszuwählen und zu bestimmen, was geschehen soll. Sie können das, was Sie in diesem Augenblick auswählen, zu Ihrem Schicksal formen, um als Ihre erlebte Realität „in Erscheinung" treten. Was geschehen ist, brauchen Sie ja nicht mehr zu ändern. Auch wenn Sie das könnten, es ist vorbei. Sich im Augenblick aufzuhalten, heißt auch, nicht mehr der Vergangenheit nachzujagen oder sich ständig in der Zukunft zu leben. Sätze wie „was wäre, wenn ..." können Sie getrost sein lassen. Vergangenheit und Zukunft finden nur im Kopf statt. Wenn Sie jetzt nicht denken und den Moment erfüllen, ohne dabei abzuschweifen, sind Sie bewusst hier. Wo sollten Vergangenheit und Zukunft stattfinden, außer im Gedanken?

Ein Leben voller faszinierender Möglichkeiten wartet nur darauf, dass Sie es entdecken und „in Erscheinung" treten lassen. Es ist immer wieder ein Wunder, dass wir alle unser ganzes Leben von einem Augenblick zum anderen tatsächlich verwandeln können. Sie brauchen sich nur wieder daran zu erinnern, dass Sie in jedem Augenblick die Wahl haben. Nachdem Ihnen das bewusst geworden ist, sollten Sie diese Chance allerdings auch nutzen, von dieser Fähigkeit Gebrauch zu machen. Viele Menschen wissen gar nicht, dass sie überhaupt eine Wahl haben und weil sie es nicht wissen, wählen sie nicht. Weil sie nicht wählen, geschieht nichts und weil nichts geschieht, glauben sie, dass es nicht funktioniert. In Wahrheit brauchen Sie nur eine Wahl zu treffen und plötzlich könnte alles ganz anders sein. Dies ist kein Traum oder Wunsch, es ist Realität. Seit jeher bestimmen Sie Ihr Leben und somit Ihre Zukunft selbst. Es ist also nichts Neues, wenn ich Ihnen sage, dass Sie ab sofort Ihr Leben frei bestimmen können. Sie bestimmen es ja jederzeit unbewusst, aber wann beginnen Sie damit, es bewusst zu tun?

Nun, jetzt stellen Sie sich vielleicht die Frage, WIE Sie das anstellen sollen. Indem Sie bewusst Ursachen setzen, die eine erwünschte Wirkung nach sich ziehen. Wer aus dem Kopf heraus handelt, wird harte Erfahrungen machen. Wer aus dem Herzen heraus wirkt, wird weichen Erfahrungen ausgesetzt sein. Obwohl es vollkommen logisch ist, dass wir in jedem Augenblick

Ursachen setzen, ist es vielen Menschen gar nicht bewusst. Und auch wenn Sie es wissen, denken Sie sich weiterhin sehr verschwenderisch durch den Tag und versuchen im Außen Veränderungen vorzunehmen, um Ihr Leben zu verändern. Da sich unser aller Leben aber nach unserem Sosein, unserem Bewusstsein und unserer inneren Haltung ausrichtet, kann Veränderung immer nur durch eine Veränderung der Bewusstseinsspaltung geschehen. Wie wollen Sie Ihr Spiegelbild ändern? Indem Sie den Spiegel kaputtmachen? Nein. Sie verändern das, was vor dem Spiegel steht, das, was Sie als Ich bezeichnen und erst dann wird sich auch das Spiegelbild verändern können. Obwohl Veränderungen gar nicht anders vonstattengehen können, will der Mensch die Situation immer nur dort verändern, wo sie geschieht, anstatt an ihren Ursprung zu gehen. Dort wo Dinge geschehen, kann immer nur Illusion bestehen. Die Wirklichkeit ist jenseits der Dinge in einem feinstofflichen Bereich angesiedelt, der für uns nicht sichtbar ist. Man sollte sich also über das Gefühl und die Emotionen an das herantasten, was wir wirklich sind.

Wenn wir aber fast rund um die Uhr nur in belastenden Gedanken versunken sind, erzeugen wir eine Realität, die uns niemals gefallen kann. Gedanken spielen sich in der Vergangenheit oder in der Zukunft ab.

Im Augenblick zu sein bedeutet nicht nichts zu denken, sondern sich vom Denken nicht beeinflussen oder beeindrucken zu lassen.

Sobald Sie wissen, dass Sie in jedem Augenblick die freie Wahl haben, können Sie Ihr Schicksal bewusst formen und Ihr Leben kann sich verändern. Wir alle sind „Zukunftsarchitekten", aber nur jeder Einzelne für sich kann entscheiden, ob er seine Zukunft bewusst oder unbewusst bestimmen will. Wir alle können in jedem Augenblick wieder in die vergessene Vollmacht eintreten und unser Leben und unser Schicksal lenken. Erst wenn wir diesem schöpfergerechten Sein folgen, werden wir unser Dasein als bewusster Schöpfer gestalten. Doch wenn wir wissen, dass wir eine Wahl haben, sollten wir auch eine bewusste Wahl treffen, damit die Veränderung unseren Vorstellungen entspricht. Dann entspricht sie unserem neuen Sosein, denn das Leben kann immer nur unserem Bewusstsein folgen. Alles, was geschieht, ist eine Spiegelung unseres inneren Kerns und je bewusster wir sind, desto harmonischer wird sich das Leben zeigen.

Keine Wahl ist auch eine Wahl. Wer nicht wählt, der wird sich mit Unstimmigkeiten zufriedengeben müssen. Wollen Sie das?

Was auch immer Sie wählen, das Leben zeigt Ihnen ja nur das, was Sie gewählt haben. Wenn Sie sich irrtümlich oder unbewusst „verwählt" haben, können Sie in jedem Augenblick eine neue Wahl treffen. Das Leben hat keine Möglichkeit, etwas anderes erfolgen zu lassen, als genau das, was Sie gewählt haben. Sie sind nicht Ihrem Schicksal ausgeliefert und sollten jetzt erkennen, dass Sie in JEDEM Augenblick die Wahl haben, wirklich alles zu ändern. Nur wer eine andere Ursache setzt, wird andere Wirkungen erzielen. Wer Sonnenblumenkerne sät, wird keine Rosen ernten und wer befürchtet arm zu bleiben, wird niemals die Fülle erfahren. Das Leben ist nicht böse und will Ihnen auch nicht schaden, es folgt lediglich Ihrer energetischen Schwingung. Das, was Sie ausstrahlen, ziehen Sie an, wie soll es anders sein?

Jeden Tag und jeden Augenblick stehen wir vor Entscheidungen. Wie soll ich dem Tag begegnen und den Augenblick meistern? Täglich frage ich mich: „Was wird mir dieser Tag, dieser Augenblick bringen?" Wir unterscheiden zwischen unglücklichen und glücklichen Tagen und diese Unterscheidung ist unser wirkliches Problem. Das, was wir als schlecht bezeichnen, kann niemals das

Problem sein. Das Problem liegt darin, es als solches abzustempeln und dem unsere Meinung überzustülpen. Jede Situation ist in Wirklichkeit gar nicht so, wie wir sie empfinden, sondern sie ist völlig neutral. Ob Sie nun einen Brief bekommen, in dem steht, dass Sie Ihren Job verloren haben, oder einen, in dem Sie einen größeren Geldbetrag gewonnen haben, ist völlig gleichwertig. Wenn Sie die Nachricht lesen, verlassen Sie den Augenblick und gehen mit Vorfreude in die Zukunft, was Sie sich jetzt alles leisten können oder Sie erfüllen sich mit Existenzängsten und Befürchtungen, die JETZT in diesem Augenblick nicht existieren. Aber Sie erschaffen zuverlässig das, was Sie befürchten, weil es von Ihrem Denken umgeformt wird. In einem einzigen Augenblick können Sie also Ihr Chaos und Ihren „Untergang" programmieren und verursachen und der Brief, der der Auslöser dafür war, ist und bleibt im Grunde komplett neutral. Hätten Sie ihn nicht gelesen, wäre auch nichts passiert.

Erst Ihr Empfinden macht die Situation zu dem, was sie nicht ist.

Nur wer den Augenblick bewusst erfüllt, wird mit einem reichen Leben beschenkt werden. Sie können Ihr Schicksal nicht vermeiden, aber Sie können es durchaus mitbestimmen. Jeder Augenblick ist dazu da, um bewusst wahrgenommen und erfüllt zu werden. Sie haben nicht nur die Fähigkeiten dazu, Ihr Leben ganz erfüllt zu leben, sondern tief in sich drinnen sind Sie seit jeher diese Erfüllung. Sie ist bereits da! Deshalb sollte man mehr und mehr nach dieser Erfüllung Ausschau halten, anstatt sich ständig in irdischen Problemen zu verlieren und einer Vorstellung hinterherzulaufen. Alles das, was wir suchen, sind wir bereits. Das zu erforschen ist der Lebenssinn und je mehr man sich danach ausrichtet, umso mehr Wohlstand wird das Leben uns zeigen.

Vom Ich zum Selbst

Betrachte die Welt als dein Selbst, habe Vertrauen zum Sosein der Dinge, liebe die Welt als dein Selbst; dann kannst du dich um alle Dinge kümmern.

– Laotse

Wir leben in einer Welt aus Energie und alles schwingt. Die Art der Schwingung bestimmt die Form der Erscheinung. Materie hat eine sehr niedrige Schwingung und liegt im grobstofflichen Bereich. Geist ist feinstofflich und hat eine sehr hohe Frequenz. Wenn wir unsere Schwingung erhöhen, verändern wir die Form der Erscheinung und je höher die Schwingung, umso harmonischer empfinden wir das Leben. Die Schwingung bestimmt auch unsere Lebensumstände wie z. B. Wohlstand, Gesundheit, Glück, Erfolg und Beziehung. Unser ganzes Schicksal wird von unserem Sein geformt. Würden wir uns als Selbst erfahren, würde das Ich nicht Dinge verursachen, die wir gar nie gewollt haben. Es gibt keine Schicksalsverteilungsstelle. Es ist immer unser Bewusstsein, das ICH BIN, das unser Leben formt. Diese Realität entsteht also in uns und tritt außen in Erscheinung.

Solange wir persönliche Wünsche haben und Absichten hegen, ist da jemand, der etwas will und mit dem wir uns identifizieren. Dieser Jemand aber existiert nicht wirklich. Er ist Teil der Illusion, die durchschaut werden will. Solange wir uns mit etwas identifizieren, was wir gar nicht sind, leben wir auch nicht in der Wirklichkeit. Solange jemand etwas tut und willentlich beeinflussen will, sind wir nicht in der Realität. Dieser Jemand ist hartnäckig, und hat er erst erreicht, was er will, will er wieder etwas anderes oder noch mehr haben. Es ist ein Kreislauf, der niemals endet, weil wir so im Sog des Haben-Wollens und der Erfüllung einer Sucht oder Befriedigung ausgeliefert sind. Wir wollen ständig etwas. Doch wer ist das, der da etwas will? Eigentlich wollen

„wir" nichts, sondern nur der, wofür wir für uns halten. Dem, was wir eigentlich sind, sind alle Wünsche fremd. Wenn unser Ego, unser Ich oder unsere Persönlichkeit etwas lang Ersehntes erreicht hat, heißt das lange noch nicht, dass das auch das Beste für uns ist. Vielleicht glauben wir das, doch das Leben weiß besser, was für uns passt. Natürlich passt es immer, es entspricht uns ja.

Die Frage ist nur, ob das Ergebnis der Ursache eines Selbst oder der Ursache eines Ich gefolgt ist.

Die Ergebnisse des Ich-Bewusstseins sind natürlich von dem des Selbst-Bewusstseins komplett verschieden. Die Wirkung der Sonne ist dunkler Schatten und die Wirkung von Dunkelheit ist ebenfalls Dunkelheit. WO ist da also der Unterschied?

Die Wirkung des Ich ist eine künstlich erzeugte Wirkung, die oft mit Widerständen herbeigeführt wird. Die Wirkung des Selbst ist eine natürliche Wirkung, die deswegen als harmonisch empfunden wird. Die Ursache des Ich ist Wollen und die Ursache des Selbst kennt den Willen nicht. Das eine ist irdisch, das andere geistig und das Irdische obliegt dem Wandel der Dualität, dem ständigen Auf und Ab, wobei das Geistige stets gleichbleibend harmonisch ist. Vom Ich zum Selbst gelange ich, wenn ich das persönliche Ich als Werkzeug nutze und durchschaue, dass es nur ein Werkzeug ist. Wenn ich erkenne, dass das Ich notwendig ist, um das Selbst zu erfahren, habe ich meinen Plan erfüllt. Wir brauchen einen Körper, um uns zu entdecken. Ohne die Sinne wäre es gar nicht möglich. Gott bräuchte gar nicht so viele Körper erscheinen lassen, wenn er sich selbst erkennen könnte. Doch wie soll sich Licht ohne einen Körper erfahren? Nur wer das Dunkle erfährt, wird dem Licht begegnen.

Wir alle haben Ziele und Objekte der Begierde. Der Drang, diese auch zu erreichen beeinflusst unser Verhalten. Stellen Sie sich einmal vor, es gibt nichts im Leben, was Sie sich wünschen. Hört sich das nicht friedlicher an als der Krampf, etwas erreichen zu wollen oder der Kampf um etwas? Oft wird die Erfüllung meines Wunsches zur Strafe und ich bemerke erst im Nachhinein, dass das Ergebnis gar nicht so ist, wie ich es mir vorgestellt hatte. Wenn alle Wünsche verblassen, ist da niemand mehr, der etwas will, sondern nur noch das „ich selbst", das Selbst, das sich in seinen Erfahrungen erlebt. Dadurch werden mein Wille und der Schöpfungswille eins. Dann werde ich auch sagen können: „Dein Wille geschehe". Das mögen viele Menschen sagen, doch wenn danach etwas geschieht, wollen Sie es erst wieder anders.

Was ist eigentlich so schlimm daran, das Leben so zu lieben, wie es ist?

Haben Sie sich das auch schon einmal gefragt? Wenn Sie sagen können: „Ich will nicht mehr ein bestimmtes Ergebnis oder ein bestimmtes Ziel erreichen, sondern das Leben aus mir heraus als stimmig erleben", haben Sie schon mal den Widerstand gegen das Leben abgebaut. Wenn Sie insgesamt stimmen, stimmt auch das, was geschieht. Erleben Sie das Leben doch einmal wie ein wunderbares Lied und erfahren Sie als ein Spiel. In diesem Spiel ist es völlig gleichgültig, wer gewinnt oder wer verliert, es geht nur darum, das Spiel mit reiner Anwesenheit zu spielen. Das Spiel ist dazu da, um genossen zu werden.

Wer aus sich selbst heraus das Ich hinter sich gelassen hat, der tritt ins Wohlstandsbewusstsein ein. Wie dies geschieht? Zentrieren Sie sich und gehen Sie ganz in der Kraft Ihres Geistes auf. Fühlen Sie, wie diese Kraft von Tag zu Tag stärker wird, und lassen Sie diese Kraft weit über sich hinauswachsen. Werden Sie eins mit der einen Kraft des Universums, indem Sie Ihre ganze Aufmerksamkeit auf Ihr Selbst richten. Die Achtsamkeit geht nach innen und das, was im Außen geschieht, bleibt unberührt. Wenn Sie nicht mehr reagieren und die Dinge des Lebens nicht mehr persönlich nehmen, darf alles passieren. Was auch immer geschieht, Sie beobachten es einfach und bleiben davon unberührt. Es ist so, wie Sie jemanden dabei beobachten, wie ihm ein Gegenstand auf den Zeh fällt. Es tut Ihnen nicht weh und es ist okay, wie es ist. Es hat Sie niemals berührt.

Machen Sie sich bewusst, dass Ihr persönliches Ich es ist, das Mangel, Schmerz und Leid erzeugt. Es ist nicht mehr als ein individuelles Empfinden. So wie Erwacht-Sein ein Bewusstseinszustand ist, ist auch der Mangel einer. Er kann im Außen nur in Erscheinung treten, wenn Sie ihn zulassen und leben. Lassen Sie ein immer höheres Bewusstsein in sich und durch sich wirken und schenken Sie persönlichen Belangen nicht so viel Aufmerksamkeit. Verbinden Sie sich mit dem kollektiven Bewusstsein und letztlich mit dem universellen Bewusstsein, dem einen Sein, aus dem alles ist.

Lassen Sie sich vom Ich ins Selbst hineinfallen und nutzen Sie ganz bewusst die Schätze, die Ihnen das Leben kostenlos zur Verfügung stellt. Die Natur schenkt uns Wunder, das Lachen macht uns groß, zu lieben macht uns einzigartig und die bewusste Atmung erinnert uns an uns selbst. Geben Sie sich jetzt das feierliche Versprechen, dass Sie nicht damit aufhören werden, nach dem Höchsten Ausschau zu halten. Geben Sie nie auf, sich zu verwirklichen und hören Sie nie damit auf, an Gott in sich zu glauben. Nutzen Sie die Beharrlichkeit für sich und die Macht der Motivation, die Ihnen die Ausdauer schenkt. Mit Geduld und Mut dran zu bleiben und stets nach dem Wertvollsten zu trachten, nämlich sein wahres Selbst zu entdecken, das ist das Ziel.

Nur das Absolute ist gut genug!

Im Absoluten sind alle Dinge nur dadurch wahrhaft geschieden und wahrhaft eins, dass jedes für sich das Universum, jedes das absolute Ganze ist.

– Friedrich Schelling

Das Absolute ist der Urgrund des Seins und das Ziel der Evolution. Es ist nicht nur in allem, es ist alles. Am Anfang war das eine ewige SEIN, aber es war sich seiner nicht bewusst. Evolution ist der Bewusst-Werdungs-Prozess des einen Seins. Dazu schafft es sich den Spiegel der Schöpfung, den wir Universum nennen. In dem Abenteuer Leben hat das eine Sein die Wahl, sich zu vergessen, und sich wieder an sich zu erinnern. Diesen Erinnerungsprozess nennen wir Evolution. Ziel der Evolution ist die bewusste Vollkommenheit des einen Seins. Alles was ist, ist das Eine. Es gibt nichts, außer dem Einen. Es ist das Eine ohne ein Zweites. Es ist daher genau gesagt auch nicht vollkommen. Es ist das Einzige, der Maßstab allen Seins. Es ist auch nicht der Herr. Worüber sollte es Herr sein, wenn außer ihm nichts ist?

Alles, was ist, ist daher von seinem wahren Wesen her schon immer vollkommen, aber sich dessen nicht bewusst. Dieses Bewusstwerden der eigenen Vollkommenheit ist das Abenteuer Leben. Daher ist jede Suche unsinnig, da ich nie verloren habe, was ich suchen könnte. Gäbe es etwas zu finden, wäre zuvor eine Trennung gewesen, und es hätte ein Zweites neben dem Einen gegeben. Das Eine ist unbeschreiblich. Jedes Wort ist zwangsläufig ein begrenztes Symbol und kein Wort vermag es, das Höchste zu beschreiben. Das Eine liegt außerhalb von dem, was beschrieben werden kann. Wer sollte das Eine beschreiben, wenn es außer Ihm nichts gibt? Alles, was wir umschreiben, ist vergänglich und somit nur eine Erscheinung, eine Spiegelung des Einen – eine Illusion. Man kann das Eine nicht definieren, sondern in dem

Abenteuer Leben definiert es sich selbst und so wird es sich seiner selbst bewusst. Das Eine hat keine Eigenschaften und gleichzeitig beinhaltet es alles. Da es nicht definiert werden kann, gibt es diesbezüglich auch keine gültige Aussage. Da es alles ist, ist es auch nicht die Leere. Aber es ist natürlich auch die Leere, weil es alles ist. Diese Widersprüchlichkeit mag verwirrend klingen, ist sie aber nicht. Sie ist notwendig, denn alles ist wahr. Es gibt also nur Wahrheiten, die aus unterschiedlichen Perspektiven heraus entstehen. Wer bei sonnigem Wetter in Deutschland mit jemandem bei Regen in Italien telefoniert, mag in Bezug auf das Wetter unterschiedliche Meinungen haben, doch beide haben recht.

Das Glas ist immer halb voll und halb leer, auch hier zählt nur die Art der Betrachtung. Es gibt überhaupt niemanden, der lügt, da ein jeder die Dinge auf seine ganz spezielle Weise sieht. Was für den einen Diebstahl ist, ist für den anderen ein Kavaliersdelikt oder eine Notwendigkeit. Keiner hat recht, jeder sieht die Dinge eben anders und immer nur so, wie er sie sehen kann. Wie heißt es so schön: Niemand kann aus seiner Haut und deshalb gibt es keine guten und schlechten Menschen. Es gibt nur Menschen, die so bezeichnet werden. Die Dualität ist nichts als ein Ur-Teil, eine Sichtweise der einen Wirklichkeit, aber nicht die Wirklichkeit selbst. Das Eine ist also nicht irgendwo, aber auch nicht nirgends. Es erfüllt auch nicht jeden Raum, denn es ist der Raum, obwohl Zeit und Raum ebenfalls nur Sichtweisen des Bewusstseins sind, eine Illusion. Alles kann also viele Wahrheiten gleichzeitig haben, es liegt am Betrachter selbst, wie er es einordnet und wertet.

Was passiert eigentlich, wenn niemand mehr Urteile fällt? Die Welt wäre nicht irgendwie, gut oder schlecht, so oder so, sondern sie wäre, wie sie ist, ohne benannt zu werden. Und da das Absolute immer in allem gleichzeitig ist und doch nicht ist, kann es vom Menschen nicht erreicht werden, da es verloren worden ist. Es muss also erinnert werden. Es gibt weder einen Weg noch ein Ziel. Das Eine kann sich nicht selbst verfehlen. Wir können auch nicht eins mit dem Einen werden, da wir es bereits sind. Wir waren ja nie etwas anderes, wir haben es nur vergessen. Schon immer waren wir das Absolute, sind es immer noch und werden es immer sein. Wofür wir uns aber halten, das sind wir nicht wirklich, weil es nur unsere vorübergehende Erscheinung ist.

Lassen wir also alles Suchen los, lehnen wir uns zurück und genießen wir das Abenteuer, das wir Leben nennen. Wir können das Eine auch nicht erkennen, da das Auge das Selbst nicht sehen kann. Es kann nur tief in sich erfahren werden. Das höchste Bewusstsein ist das, was jetzt ist, ohne sichtbar zu sein: das Ziel der Evolution und das bewusste Erkennen des eigenen, vollkommenen Seins.

Nur wer zu Bewusstsein kommt, hat seine Aufgabe gelöst. Jedes andere Ziel ist nebensächlich und komplett überflüssig. Es gibt keine Erlösung und keinen, der Erlösung braucht. Wir können nicht herbeiführen, was schon ist, aber wir können die Illusion entschleiern. Meditation, alle Bewusstseinsübungen sind Illusion und damit wieder das Eine, das schon immer war und immer sein wird. Indem Sie Ihre Aufmerksamkeit von der Illusion abziehen und auf etwas anderes lenken, verliert sie ihre Existenz, die sie sowieso nie wirklich hatte. Alles, was Sie zur Realität erklärt haben, ist Illusion, und das gilt es zu durchschauen. Dieses Wissen liegt in Ihnen.

Sobald Sie das erkannt haben, übernehmen Sie die Position des Beobachters. Irgendwann werden Sie Ihr Leben und sich selbst beobachten. Es ist nicht so, als ob Sie die Natur beobachten, sondern eine andere Wahrnehmungshaltung. Sie handeln weiterhin, bemerken aber, dass Sie mit dem, der handelt, nichts zu tun haben. Er ist Ihnen fremd. Sie empfinden nur noch das, was geschieht, als einen natürlichen Akt, an dem Sie vollkommen unbeteiligt sind, auch wenn Ihre Hand eine Arbeit verrichtet.

Sie identifizieren sich nicht mehr mit dem Körper, sondern nehmen sich als das wahr, was den Körper und alles um Sie herum am Leben hält. Sie erleben die Einheit in allem und das Ungetrenntsein von dem Wahrhaftigen. Sie sind der Antrieb und distanzieren sich zu dem, der da atmet, geht und fühlt. Ein gesunder Abstand ermöglicht natürlich ganz neue Reaktionen, und Empfindungen wandeln sich. Man nimmt nichts mehr persönlich und hat auch keinen Grund mehr beleidigt zu sein, Schuldzuweisungen zu machen oder Urteile zu fällen.

Das Spiel der Bewusstwerdung spielt das Bewusstsein mit sich selbst. Wir als Spielfiguren glauben aber, dass unsere Spielfigur Realität ist und können das Bewusstsein nicht erkennen. Sobald wir durchschaut haben, was wir tatsächlich sind, werden wir uns vom Ego und vom Verstand nicht mehr gestört fühlen. Diese Werkzeuge werden dann ruhend anwesend sein und unser Leben nicht mehr beinträchtigen, weil ihnen unsere Erkenntnis keine Macht mehr einräumen wird. Das heißt, dass wir uns nicht mehr darüber definieren werden, und das Selbst ruht in sich. Wir leben im Jetzt und alles andere ist so, wie es nun mal ist, auch ohne unser Zutun. Wir müssen den Dingen im Leben nicht unsere Meinungen überstülpen, es kann auch ganz gut ohne sie leben.

Willkommen im Jetzt!

Das Leben ist für viele Menschen eine Anstrengung, die einer besseren Sache würdig wäre.

– Karl Kraus

Im Jetzt zu leben, bedeutet im Wohlstandsbewusstsein zu verweilen. Wer aus diesem Bewusstsein heraus lebt, ist wirklich angekommen. Das Leben geschieht spielerisch und jede Anstrengung schwindet. Anstatt dem Wollen und dem Zweifeln, dem Druck und dem Zwang, stellen sich Harmonie, Zufriedenheit und Leichtigkeit ein.

Im Jetzt zu leben bedeutet ...

... *die Suche zu beenden.* Was soll man finden, außer sich selbst? Nur wenn man die Suche hinter sich lässt, wird man erkennen, dass man eigentlich nichts zu suchen braucht. Alles ist bereits hier, es braucht nur noch wahrgenommen zu werden. Ist die Suche beendet, erfolgt die Erkenntnis, dass es nichts zu finden gibt und damit kann das Suchen als etwas völlig Unnatürliches und Überflüssiges durchschaut werden.

... *keine* Wünsche mehr zu haben. Man lebt in der Fülle, während man gleichzeitig die Erfüllung ist. Jeder Wunsch entspringt der Persönlichkeit und hat mit dem SELBST nichts zu tun. Das Ich will, das Selbst ist!

... *in der Liebe zu sein, mit allem, was ist.* Man lebt für alles, in allem und durch alles. Alles ist Liebe, da nichts außer Liebe existiert. Liebe ist ein anderes Wort für Bewusstsein. Es ist das Einzige, was unveränderlich und ewig ist. Man erkennt hinter allem die Liebe. Wird etwas bevorzugt oder ausgeschlossen, so kann es nicht in Liebe geschehen. Ein „Liebender" zu sein bedeutet, sich als Liebe zu erkennen und aus diesem Bewusstsein heraus zu wirken. Ein Liebender handelt nicht, er lässt geschehen. Das, was er tut, ist ein natürlicher Vorgang und kein willentliches Tun, das kein Ziel verfolgt und wunschlos ist.

... *in sich SELBST angekommen zu sein* und in all seinem Tun aus seiner Mitte heraus zu wirken. Man erkennt sich selbst als Ursprung seiner Realität und übernimmt die volle Verantwortung für seine Gedanken, Handlungen und Gefühle, sowie für alles, was in seinem Leben geschieht.

... *nicht mehr vorwärtskommen und nichts mehr erreichen zu wollen.* Man erkennt, dass man nirgendswo hingelangen kann, dass es weder ein Vorwärts noch ein Besser oder ein Schneller gibt. Ankommen ist immer jetzt. Jede Idee sich entwickeln zu wollen, entsteht im persönlichen Ichbewusstsein des Mangels. Wer will, muss oder möchte, lebt vom Hier und Jetzt weit entfernt. Wozu etwas wollen, wenn man in sich angekommen ist? Wo will man noch hin? Und wer will etwas?

... *in der Leichtigkeit des Seins zu leben.* Frühere Probleme werden zu interessanten Aufgaben, Schwierigkeiten zu Herausforderungen und Unstimmigkeiten werden zu Chancen. Man unterscheidet Disharmonien nicht mehr von schönen Ereignissen und lässt das Leben seinen Lauf nehmen. Bedingungslose Hingabe ist meine Antwort auf das, was kommt und kommen mag. Ich schwimme mit dem Strom des Lebens und das Gegensteuern und Richtungändern-wollen, habe ich eingestellt. Ich vertraue auf das Leben und auf das, was kommt und lasse mich von nichts und niemandem beeindrucken, irritieren oder aus der Ruhe bringen. Ich ruhe in mir selbst. Leid endet, weil da keiner mehr ist, der leiden könnte. Alles ist gut, wie es ist, sonst wäre es nicht so!

... *keine Ziele mehr zu haben.* Es gibt kein Ziel, außer man glaubt an eines. Das Ziel liegt im Augenblick, im Jetzt! Es heißt nicht umsonst, der Weg ist das Ziel. Jeder Schritt, mag man ihn noch so mühsam, schwierig oder unnötig empfinden, auch er ist das Ziel. Ausnahmslos!

Der 3-Säulen-Überblick: Materielle Fülle erleben

Gib jedem Tag die Chance, der schönste deines Lebens zu werden.

– Mark Twain

Es ist wirklich so, dass das Leben ewigen Gesetzen gehorcht und jeder, der diese Gesetze kennt und befolgt, vom Leben wirklich all das haben kann, was er bereit ist, zu verursachen. Das gilt natürlich für alle Bereiche des Wohlstandes. Da dieser Begriff von jedem Menschen anders definiert wird, ist es wichtig, sich über seine eigene Definition im Klaren zu sein. Was bedeutet Wohlstand für mich? Ist es „nur" Geld? Ist es Zufriedenheit? Ist es, dass mir ALLES im Leben „zum Wohle" steht, also alles harmonisch ist und optimal verläuft? Das Grundprinzip der Schöpfung ist die Fülle.

Wer nicht nur nach der materiellen Fülle trachtet, sondern wirklich erfüllt ist und das Leben erfüllt, lebt im wirklichen Wohlstand.

Es geht nicht darum, dass wir unser Ego befriedigen und ständig Dingen hinterherjagen, die uns fehlen, sondern die Fülle in all dem zu entdecken, was jetzt ist und was uns umgibt. Alles ist im Überfluss vorhanden. Es kann sich aber in unserem Leben nur in dem Maße manifestieren, wie wir es zulassen und fördern. Nur wenn wir die notwendigen Schritte tun, wird uns das Leben wie ein Echo das zurückbringen, was wir ausgesendet haben. Unabkömmlich um ein gesundes und erfolgreiches Leben im Wohlstand zu erschaffen, ist die direkte Erfahrung. Anschließend sollten wir dieses Wissen mit anderen teilen und mithelfen, dass auch unser Umfeld zu sich erwachen kann.

Machen Sie sich täglich bewusst, dass Sie in jedem Augenblick ein ganz neues Leben beginnen können. Aus Ihrem bisherigen Leben nehmen Sie nur mit, was in Ihrem neuen Leben noch Platz hat und was noch zu Ihnen gehört. Alles ist möglich, wenn Sie dem Leben nur die Chance geben, es für Sie zu verwirklichen. Das Leben verwirklicht es, wenn Sie sich SELBST-verwirklichen. Anerkennen Sie Ihr ursprüngliches Wesen, Ihr Potenzial, den Schöpfer in sich und leben Sie im Augenblick des Seins. Treffen Sie vorerst die Wahl, als WER Sie das „Spiel des Lebens" spielen wollen.

Wenn Sie sich entschieden haben, dann wählen Sie, wie das Spiel aussehen und verlaufen soll und mit wem Sie es spielen wollen. Erkennen Sie schon am Start, dass Sie nur gewinnen können, weil auch das, was Sie als Leid bezeichnen, nur ein Gewinn sein kann. Alles, was Ihnen widerfährt, macht Sie durchlässiger und bereitet Sie für das Eigentliche vor. Nur wer störrisch ist und stehen bleibt, wird mit schmerzvollen Erfahrungen vorangeschoben. Sie können sich aber jederzeit dazu entschließen, ganz von alleine zu gehen und Ihren Weg zu meistern.

Es gibt weder Glück noch Pech, weder Zufall noch Schicksal, so wie wir es uns vorstellen. Alles das, was geschieht, folgt unserem Sosein, es ist unsere Entsprechung. Wenn wir es genauer betrachten, werden wir erkennen, dass es nur Ursache und Wirkung gibt. Was immer Sie bewusst oder unbewusst wählen, werden Sie bekommen. Es gibt nichts, was unmöglich ist, da Sie der Schöpfer sind. Erst wenn Sie sich als dieser wiedererkannt haben, wird jede Form von Wunder oder Manifestation zur Selbstverständlichkeit werden.

Entscheiden Sie sich hier und jetzt, wo Sie am Ende angekommen sein wollen. Spielen Sie das „Spiel des Lebens" immer vom Ziel aus und leben Sie so, als wäre es bereits geschehen. Erleben Sie alles emotional, geistig und bildlich vor und erschaffen Sie in sich das, was danach im Außen folgen wird. Das, was Sie verinnerlicht haben und somit verursachen, hat somit keine andere Wahl, als ins Leben zu treten. Was auch immer Sie wählen, tun Sie es mit Freude. Erschaffen Sie sich in allen Lebensbereichen Lebensqualität und genießen Sie den Weg in tiefer Dankbarkeit.

Das Leben wartet nur noch auf Ihre Anweisungen. Das Schicksal heißt in Wirklichkeit „Mach-sal". Es ist das, was Sie „gemacht", also verursacht und somit ins Leben gerufen haben. Alles beginnt mit der Erkenntnis, wer Sie wirklich sind und mit der näheren Betrachtung dessen, was wir als Realität bezeichnen. Es gibt nur eine Realität und die ist nicht nur unsichtbar, sondern beständig. Alles, was uns im Leben begegnet, ist vergänglich. Wie kann es also real sein?

Stellen Sie sich solche Fragen, anstatt nach scheinbaren Lösungen für Probleme zu suchen, die es ohnehin nie wirklich gegeben hat. Sehen Sie das Leben als Spiel an, dem Sie mit Offenheit und Neugier begegnen. Es ist spannend und es ändert sich täglich. Wenn auch Sie Ihre Sichtweise ändern, weil Sie Ihre wahre Identität durchschaut haben, dann wird Sie das Leben auf Händen tragen. Willkommen im Wohlstandsbewusstsein!

DIE KULISSE

SÄULE 2: MATERIELLE Ebene

Die Freiheit der Ausrichtung: Sichtweise, Einstellung und Verhalten

Der Wohlstand wartet auf uns

Der Wohlstand beginnt genau dort, wo der Mensch anfängt, mit dem Bauch zu denken.

– Norman Mailer

Betrachten wir das Wort Wohlstand einmal etwas genauer, werden wir erkennen, dass darin das Wort „Wohl" und das Wort „stand" enthalten ist. Hier geht es also um den Stand der Dinge, dass uns das Leben in allem „zum Wohle steht". Dies bedeutet auf allen Ebenen des Daseins und Seins – Erfüllung, Harmonie und Freude zu erleben. Es geht nicht nur um Geld, obwohl wir Wohlstand unweigerlich mit Besitz verknüpfen. Wohlstand ist eine Einstellung, eine Sichtweise und eine Verhaltensweise. Nicht Fleiß, Ausdauer und Stress erzeugen Wohlstand, sondern eine wohlhabende Bewusstseinshaltung. Achtsamkeit, Gelassenheit, Stille, Ruhe, Hingabe, Freude etc. sind Begleiterscheinungen eines bewussten Soseins, welches aus sich heraus Wohlstand erschafft.

In uns fließt eine unendliche Welle des Wohlstands, die in solch überdimensionalen und unerschöpflichen Mengen vorhanden ist, wie man sie sich kaum vorstellen kann. „Wohlstand für alle" ist möglich. Der materielle Wohlstand wird durch den mentalen und geistigen Wohlstand erzeugt, der von einem emotionalen Wohlstand begleitet wird. Das heißt aber nicht, dass ein positives Denken ausreicht, um auf allen Ebenen Wohlstand zu erleben. Mentaler Wohlstand setzt ein gewisses Bewusstsein voraus. Viele Menschen sind in ihrem begrenzten Denken gefangen, welches sehr egoistisch und Ich-bezogen ist.

Unserem Bewusstsein „steht alles zum Wohle" – es ist der Wohlstand selbst. Und allein in diesem Bewusstsein liegt die Ursache für das, was im Außen als erlebte Realität „in Erscheinung" tritt. Das, was sich zeigt und in unser Leben kommt, kann nur durch die emotionale Ebene geändert werden. Veränderungen können niemals im Außen oder durch Gedanken herbeigeführt werden, sondern nur im Inneren selbst. Emotionen sind das Boot, die uns zu unserem Bewusstsein führen. Das Gefühl ist der Schlüssel zu Bewusstsein, zur Erfüllung und zum Wohlstand. Lassen Sie sich nicht ständig einreden, dass Sie für Ihren Wohlstand viel tun und hart arbeiten müssen. Das ist ein Märchen und führt keineswegs sicher zum Erfolg. Die Änderung Ihres mentalen und emotionalen Wohlstandsbewusstseins führt aber in jedem Fall zum Erfolg, weil es die unmittelbare Ursache dafür ist.

Wir können erst richtig glücklich sein, wenn wir unser Leben selbst führen. Vor allem, wenn wir darin die Hauptrolle spielen. Schließlich nennen wir es auch „unser Leben“ und nicht „das Leben“. Unser Leben zu leben bedeutet auch, uns unserer Rolle bewusst zu sein. Es geht nicht darum, eine Rolle zu spielen oder sie einen anderen spielen zu lassen, sondern zu erkennen, was unsere wahre Rolle überhaupt ist. Die Opfer-Haltung können wir hinter uns lassen und auch die Rolle des Schuldigen und des Verlierers sind längst überholt. Überprüfen Sie einmal, wie Sie denken, fühlen, reden und handeln. All das formt die individuelle Realität.

TIPP: Sie haben es in der Hand, Ihr Leben jederzeit zu verändern. Wenn Sie daran zweifeln, dann fragen Sie sich nicht: „Und das soll funktionieren?“, sondern fragen Sie sich lieber „Warum sollte es nicht möglich sein?“. Leben ist nicht als Kampf gedacht, mehr als ein gelassenes Wandern durch ein sonniges Tal, das manchmal auch Schatten wirft. Sie brauchen nirgendwo anzukommen, sondern die Gegend nur zu genießen.

Um was es wirklich geht

Der Hauptwert des Geldes besteht in der Tatsache, dass man in einer Welt lebt, in der es überbewertet wird.

– Henry Louis Mencken

Wir alle geben eine Menge Geld aus, um uns durch gewisse Anschaffungen besser zu fühlen. Warum brauchen wir materielle

Güter oder Beschäftigungen, um glücklicher zu sein? Warum wollen wir Situationen herbeiführen und erzeugen, die uns zwar kurzfristig ein Glücksgefühl bescheren, doch schon bald wieder vergangen sind? Wohl weiß ein jeder, dass nichts auf der Erde Beständigkeit hat und doch klammern wir uns an Umstände oder Situationen und versuchen sie fest- bzw. aufrecht zu halten. Nach wie vor streben wir nach banalen Dingen wie Häusern, Autos oder anderen materiellen Gütern. Wir streben nach dem größeren Haus, dem schöneren Auto, den interessanteren Partner etc., und auch wenn wir es „bekommen", hält dieses scheinbar „bessere Gefühl" nicht sehr lange an. Wird der Mensch geboren, steht bereits fest, dass er eines Tages sterben wird. Doch auch das wollen wir am liebsten beeinflussen und hadern damit, obwohl es das Natürlichste der Welt zu sein scheint. Der Mensch will immer das haben, was er nicht hat, und so wie es ist, ist es nie recht.

Doch auch wenn wir stets etwas anstreben, was uns befriedigen oder per Laune halten soll, so ist es doch nie der Gegenstand, die Person oder der Umstand selbst, die uns glücklich machen. Es ist immer nur Mittel zum Zweck, also benutzen wir all diese Dinge nur dazu, um uns besser zu fühlen. Der Partner soll uns Liebe und Zuwendung geben, die wir uns selbst nicht geben können. Ein Gegenstand oder Geld soll uns ein bestimmtes Gefühl vermitteln. Offensichtlich sind wir nicht in der Lage, dieses Gefühl aus uns selbst heraus zu erzeugen. Warum sonst sehnen wir uns nach vergänglichen Dingen, anstatt nach dem Unvergänglichen IN UNS Ausschau zu halten? Wir jagen also einer ständigen Befriedigung hinterher, die sich aber nicht dauerhaft befriedigen lässt. Sie erzeugt eher den Druck, ständig mehr oder anderes zu wollen und daher neigen wir dazu, noch unglücklicher zu sein, BIS wir wieder etwas erreicht oder erworben haben. Der Besitz ist also immer zweitrangig, weil das Glücksgefühl, wenn wir etwas Besseres, Neues oder Anderes bekommen, im Vordergrund steht. Und nur das ist die Ursache für das Desaster, ständig mehr haben zu wollen.

Emotionale Hochgefühle können nicht dauerhaft glücklich machen, weil sie wie alles andere nur vorübergehend sind.

Glück liegt nicht im Besitz, sondern in der Erkenntnis dessen, was wir sind.

Wir alle sind hier, um unsere Identität zu entdecken und nicht darum, zahlreiche Autos zu besitzen. Erst wenn wir alle Dinge gehabt und durchlebt haben, werden wir erkennen, dass das alles nicht die wahre Erfüllung sein kann. Das heißt also, dass es notwendig ist, das Spiel der Illusion zu durchlaufen, um zur Erkenntnis zu kommen. Irdische Gegebenheiten mögen uns vielleicht ein paar unbeschwerte Stunden bescheren, doch reicht das aus?

Warum brauchen wir immer einen Grund, um glücklich zu sein? Warum muss es eine Emotion, ein Mensch oder ein Gegenstand sein? Kann es nicht einfach so über uns kommen? Das kann es! Da es aber von innen kommt, bedarf es zuerst der Wahrnehmung des Inneren. Wenn Sie schneller von A nach B kommen wollen, müssen Sie zuerst wissen, dass es ein Auto gibt, das Sie nutzen können. Es geht also darum, die Aufmerksamkeit nach innen zu lenken und sich mehr und mehr um das Wesentliche zu kümmern, als um Ihre Illusionen. Wenn Sie das tun, werden Sie feststellen, dass wahres Glück viel einfacher zu bekommen ist, als Sie dachten, und dass es völlig unabhängig von irgendwelchen Umständen IMMER da ist.

TIPP: Sie brauchen auf nichts zu warten und sich auch nicht anzustrengen, sondern es nur in sich zu entdecken. Doch nur wer sich dafür interessiert und sich öffnet, wird diese Entdeckung machen können. Wer weiterhin in seiner Illusion verhaftet bleibt und sich nur nach den irdischen Dingen ausrichtet, dem wird die Wahrheit nicht von selbst entgegenspringen. Die Wahrheit kommt Ihnen entgegen, wenn Sie ihr entgegenkommen.

Wie Wohlstandsteilung die Welt verändert

Lasse nie zu, dass du jemandem begegnest, der nach der Begegnung mit dir nicht glücklicher ist.

– Mutter Teresa

Wohlstand ist noch viel schöner, wenn er geteilt werden kann. Wohlwollen, Freude und Harmonie sollte man nicht für sich behalten, sondern weitergeben und in die Welt hinaustragen. Schon eine kleine, liebevolle Geste kann einen Menschen berühren und jedes Lächeln trägt dazu bei, die Welt zu verändern. Mit kleinen Aufmerksamkeiten können wir eines Tages die Welt ein bisschen besser verlassen, als wir sie vorgefunden haben. Es gibt viele unterschiedliche Gesten der Freundlichkeit, des Wohlwollens und der Liebe, die man einem „Unbekannten" entgegenbringen kann. Diese kleinen Gesten können den Alltag eines Menschen und auch unseren eigenen verzaubern. Es sind die kleinen Freuden im Leben, die das Leben so richtig lebenswert machen und uns abends erfüllt einschlafen lassen.

Kaufen Sie zum Beispiel in ihrem Laden ums Eck oder im Supermarkt eine Tafel Schokolade oder ein paar Pralinen. Bitten Sie die Verkäuferin, diese Pralinen dem Nächsten, der an der Kasse bezahlt, mit einem lieben Gruß von einem Unbekannten zu überreichen. Dadurch entsteht ein positives, energetisches Ungleichgewicht, das nach den universellen Gesetzmäßigkeiten vom Leben umgehend ausgeglichen wird. Wer Gutes sät, dem wird auch etwas Gutes widerfahren. Natürlich funktioniert das nur, wenn keine Absicht dahintersteckt und man wirklich nur vom Herzen geben möchte. Wer das Bedürfnis hat, andere Menschen glücklich zu machen, der kann dieses ja in vielen Bereichen praktizieren. Wie wäre es mit einer Rose in einem Blumengeschäft? Oder Sie bieten Ihrem älteren Nachbarn an, ihm seine Einkäufe mit zu erledigen, wenn Sie das nächste Mal einkaufen gehen? Alles, was man tut,

tut man ja schlussendlich für sich, weil alles im Leben zurückkommt. Häufen Sie ganz viel Guthaben auf Ihrem Konto der Wohlstandsteilung an und der positive Nebeneffekt ist das Gute, das sich in Ihrem Leben ereignen wird. Das kann sich in allen möglichen Bereichen zeigen. Ob Ihnen der Ausgleich als Hilfestellung, freundliche Geste, eine Chance oder ein günstiger „Zufall" widerfährt, lassen Sie sich überraschen. Wenn Sie die Menschen überraschen, wird Sie auch das Leben überraschen. Was auch immer es sein wird, es wird Ihnen zufallen. Das ist das, was wir Zufall nennen. Was wir unter Zufall oder Erfolg verstehen, hat mit dem, was es wirklich ist, überhaupt nichts zu tun. Zufall ist ein Ereignis, das uns zufällt, wobei Erfolg ein Ereignis ist, das einer Ursache folgt, die wir zuvor gesetzt haben.

Aber zurück zur Wohlstandsteilung. Es ist nicht nur wichtig, dass Ihre Geste von Herzen kommt, Sie sollten auch darauf achten, dass Sie unerkannt bleiben. Dies ist notwendig, damit der andere keine Möglichkeit hat, sich sofort bei Ihnen zu bedanken. Wenn Sie nämlich ein persönliches Dankeschön empfangen, würde umgehend ein Ausgleich geschafft und der Kreis würde sich energetisch schließen. Wenn Sie aber anonym bleiben, wird sich das Leben einen anderen Weg suchen, um einen Ausgleich zu schaffen. Wenn Sie Ihr Bewusstsein darauf richten, werden Sie den Ausgleich erkennen und dieser wird immer größer sein, als die Ursache, die von Ihnen gesetzt worden ist.

Wer liebevolle Gesten frei von Erwartungen tut, der tut Sie auch mit ganzem Herzen. Wer es hingegen mit einer Absicht tut und vom Leben etwas dafür erwartet, der sendet eine Energie des Mangels aus. Somit kann der Ausgleich nur im Mangel erfolgen. Ihre Motivation entscheidet, was erfolgen wird. Wenn Sie etwas gerne tun, hat das natürlich eine ganz andere Frequenz, als wenn damit Erwartungen verknüpft werden. Wenn Sie der Geste der kleinen Aufmerksamkeit in Form von Pralinen oder einer Blume noch ein kleines Kärtchen beilegen, dann ist das ganz schön mutig.

Sie könnten es mit der Anregung versehen, dass diese kleine Geste weitergegeben wird. So entsteht aus einer kleinen Geste eine Welle des Wohlwollens, die weite Bahnen ziehen kann. Sie können aber auch ein paar nette Worte, einen segensreichen Spruch oder ein paar liebevolle Gedanken niederschreiben, die Ihnen gerade so in den Sinn kommen. Es gibt genug Gelegenheiten, wo man anderen etwas Gutes tun kann und ein Signal setzen kann. Die Menschlichkeit, die Nächstenliebe und das Miteinander können so eine ganz andere Bedeutung bekommen. Sie können die Welt nicht retten oder verändern, aber indem Sie damit beginnen, bewusster zu sein und andere daran teilhaben lassen, haben Sie Ihren Beitrag erfüllt.

Würde jeder so denken und jeder so handeln, wäre die Welt um einiges friedlicher. Da es so etwas wie Trennung nicht gibt und wir alle Eins sind, berührt eine kleine liebevolle Geste die ganze Welt, wenn auch unbemerkt und unsichtbar. Alles ist Eins und was auch immer Sie für andere tun, tun Sie schlussendlich für das Eine in Ihnen selbst. Ob Sie nun im Museum den Eintritt übernehmen, im Restaurant ein Getränk bezahlen oder eine Kinokarte zahlen, es ergibt sich überall die Möglichkeit. Sogar beim Autofahren gibt es unzählige Dinge, die man an einer Tankstelle als kleines Präsent zurücklassen kann oder man könnte auch einfach nur die Straßenmaut bezahlen. Die Möglichkeiten sind unbegrenzt. Seien Sie kreativ und vor allem spontan. Jede direkte intuitive Handlung zieht Gutes nach sich und verändert die Welt.

TIPP: Lassen Sie Ihr Umfeld an Ihrem inneren Wohlstand, Ihrer Freude und Ihrer Zufriedenheit teilhaben. Schon mit einer kleinen Geste können Sie Großes bewegen. Lassen Sie keinen Tag vergehen, ohne einen anderen an Ihrem Wohlstand teilhaben zu lassen. Je bewusster der Mensch wird, umso mehr hat er die Aufgabe, sein inneres Wissen mit anderen zu teilen. Wer das Glück anderer über seines stellt, hat erkannt, um was es im Leben geht.

Das „Gesetz der Anziehung“ nutzen

Jeder Mensch kann immer nur jene Bereiche der Wirklichkeit wahrnehmen, für die er eine Resonanzfähigkeit besitzt.

– Thorwald Dethlefsen

Dieses Gesetz nennt sich auch das Gesetz der Resonanz. Es lautet: „Gleiches zieht Gleiches an“. Das heißt aber auch, dass es Ungleiches zuverlässig fernhält, auch wenn Sie es sich wünschen, oder gar dringend brauchen. Nichts anderes, außer Sie selbst, kann Ihrem Leben irgendetwas hinzufügen oder entnehmen. Sie sind der Magnet, der ständig entsprechende Ereignisse, Situationen, Dinge, Umstände und Begegnungen anzieht. Was immer Sie denken, das fühlen Sie und was immer Sie denken und fühlen, das strahlen Sie aus. Daraus ergibt sich: Das, was Sie ausstrahlen, ziehen Sie an. Nicht mehr, nicht weniger und nichts anderes. Jeder Gedanke ist ein schöpferisches Potenzial und zieht das an, was er beinhaltet, unabhängig davon, ob er auf etwas gerichtet ist, das Sie möchten oder nicht möchten. Durch die „Macht der Wiederholung“ vervielfacht sich Ihr Potenzial. Ein Gedanke, der mit einem starken Gefühl verbunden ist, wirkt stärker und manifestiert die Wirkung, die ein Gefühl zu verursachen mag.

Das Gesetz der Anziehung wirkt immer gleich, ob Sie nun etwas absichtlich oder unabsichtlich verursachen, es wird in Ihrem Leben als Ereignis erscheinen. Der größte Teil dessen, was wir Schicksal nennen, wird unabsichtlich erschaffen. Das Gesetz wirkt etwa wie folgt: Sie beabsichtigen etwas, dann bejahen Sie es und anschließend wird es zu dem, was es IST. Erst wenn ich anerkenne, dass es BEREITS ist, kann es werden! Also ist das das Geheimnis, diesen IST-Zustand vorzuerleben und stets in ihm zu verweilen. Leben Sie geistig bereits im Paradies, das Sie damit materiell erschaffen.

Oft heben sich bewusste und unbewusste Schöpfung gegenseitig auf. Wenn Sie bewusst denken: „Ich hätte gerne ein neues

Auto", aber unbewusst glauben „Das ist aber viel zu teuer", heben sich beide Energien auf, bevor irgendeine Wirkung eintreffen kann. Warum? Weil keine Ursache gesetzt worden ist. Um es korrekt auszudrücken, könnte man aber auch sagen, dass zwar eine minus gepolte und eine plus gepolte Ursache gesetzt worden sind, die sich anschließend aber neutralisiert haben. Beide Aufträge gleichzeitig ausgeführt, führen zu keinem Ergebnis. Scheinbar geschieht nichts, doch das Leben hat beide Aufträge eines Schöpfers erfüllt. Das Gesetz der Resonanz ist wirksam, ob Sie es nun kennen oder nicht, ob Sie daran glauben oder nicht, es ist ein geistiges Grundgesetz. Unbewusst erschaffen die meisten Menschen ein Schicksal, das sie gar nicht wollen. Wenn man sie darauf aufmerksam macht, sagen sie: „Ich würde doch nie etwas erschaffen, was ich gar nicht will!" Aber genau das tun sie aus Unkenntnis der geistigen Gesetze. Natürlich erschaffen sie das nicht absichtlich, aber trotzdem erschaffen sie es und rufen es so in Erscheinung. Der Schlüssel zur Lösung lautet: Gedankendisziplin oder ein bewussteres und achtsameres Denken. Wir sollten unsere Gedanken nicht unbeaufsichtigt lassen, doch das ist nur selten der Fall.

Das Gesetz der Anziehung ist ganz einfach zu verstehen. Sie brauchen sich nur vorzustellen, dass Sie ein Magnet sind. So ziehen Sie die entsprechenden Dinge „magnetisch" an, ohne sich dabei anzustrengen und halten andere ebenso zuverlässig fern. Die Kraft, die in Ihnen wirkt, ist stärker als der stärkste Magnet, wirkt absolut zuverlässig und macht keine Fehler. Das heißt, dass Ihre Gedanken und Gefühle, Ihre Überzeugungen und damit Ihre Schwingung, entsprechende Ereignisse und Umstände in Ihr Leben ziehen und dem nicht entsprechende fernhalten.

TIPP: Sie alleine haben die Macht, zu bestimmen, was dieser Magnet anziehen und was er abstoßen soll. Indem Sie Ihre Schwingung verändern, verändern Sie auch die Wirkung des Magnets. Worauf Sie Ihre Aufmerksamkeit richten,

das ziehen Sie an. So werden Gedanken, Vorstellungen und Überzeugungen zu Dingen und Umständen. Und erst wenn Sie das verinnerlicht haben, werden Sie dieses Werkzeug für sich nutzen können.

Finanzielle Freiheit: Geldbewusstsein

Sich dem Geld öffnen

Dem Geld darf man nicht nachlaufen, man muss ihm entgegenkommen.

– Aristoteles Onassis

Geld ist Energie, die wir unbewusst anziehen oder abstoßen. Man kann alles bewusst anziehen, wenn man die Spielregeln des Lebens weiß. Wir sind es gewohnt, dem lieben Geld hinterherzulaufen und bemühen uns ständig, mehr davon zu bekommen. Kein anderer Teil der Materie beschäftigt uns so sehr wie das Geld. Unser ganzes Leben wird von Geld bestimmt und wer wenig hat, der muss um seine Existenz fürchten. Auch wenn wir es gar nicht wollen, unsere Einstellung zum Geld formt uns wohl wesentlich mehr, als uns lieb ist. Geld ist Statussymbol und Existenzsicherung und für viele sogar Lebensinhalt. Wer sich die ganze Zeit um Geld kümmert, bezeugt seinen Mangel dazu. Wer Geld haben will oder feststellt, dass ihm Geld fehlt, lebt im Mangelbewusstsein, welches weiteren Mangel produziert. Je mehr wir also dem Geld nachlaufen, umso mehr geht es uns aus dem Weg. Wer in seinem Leben nichts tut, als Geld zu verdienen, der verdient auch nichts außer Geld! Geld ist die wohl am gerechtesten verteilte Sache der Welt, denn die Quelle unseres Wohlstands oder unserer Armut, sind immer wir selbst. Unser Sosein zieht Geld magnetisch an oder verhindert ganz zuverlässig, dass es zu uns findet.

Geld kann eine Funktion als Tauschmittel erfüllen. Ist es aber mit einer gewissen Knappheit verbunden, bedarf es einer gewissen Anstrengung, um es zusammenzuhalten. Es steht also immer eine Eigenleistung dagegen. Geld kann eigentlich gar nicht verdient werden, wir bekommen immer nur einen Ausgleich für etwas, was wir zuvor geleistet haben. Wir suchen immer noch nach Möglichkeiten, um Geld zu verdienen, anstatt das zu tun, was uns Freude bereitet. Wenn wir unsere Lebensaufgabe entdeckt haben und dieser sinnvollen Tätigkeit nachgehen, wird sich der Ausgleich ganz von alleine einstellen. Und das wird in einem so hohen Maße sein, dass wir uns das nicht annähernd vorstellen können. Es klingt unglaublich, aber geben wir uns dem Leben hin und leben wir unsere Erfüllung, dann erfüllt uns auch das Leben. So werden wir nicht nur glücklich sein, sondern auch genügend Geld zur Verfügung haben.

Geld läuft Ihnen hinterher, wenn Sie es unbeachtet lassen. Wohlstand oder Armut sind gelebte Überzeugungen, die im Kopf stattfinden. Deshalb ist es ratsam, die eigene Einstellung zum Geld zu überprüfen. Sie werden feststellen, dass ein Teil Ihrer Überzeugungen gar nicht mehr zu Ihnen passen. Sie sollten dringend geändert werden, damit sie nicht weiterhin Ereignisse und Wirkungen verursachen, die Sie eigentlich gar nicht gewollt haben. Die Einstellung zum Geld ist der häufigste Grund der meisten Geldprobleme. Ihre Einstellung können Sie jederzeit ändern, wenn Sie bereit dazu sind. Das menschliche Verhalten in Geldangelegenheiten ist eigenartig. Wahrscheinlich weil Geld ganz stark mit dem Thema Schuld verknüpft ist. Man beobachtet dies, wenn jemand Geld geschenkt bekommt oder eingeladen wird. Anstatt danke zu sagen, sagen wahrscheinlich mehr als 90 Prozent, dass sie das nicht annehmen können, auch wenn sie es noch so dringend brauchen. Sie haben ein schlechtes Gewissen, dass der andere sie als gierig oder schlecht bezeichnen könnte. Es ist nur die eigene Unzulänglichkeit, die Schuldgefühle, die Unstimmigkeiten und Ängste, die einem da gespiegelt werden. Was Geld mit uns so anstellt, ist wirklich sonderbar. In Wirklichkeit ist es nur unser Bezug zu und unsere Meinung über Geld. Das Geld an sich ist völlig neutral. Es hat den Wert, den wir ihm einräumen und es ist ja nicht mehr als ein Stück Papier. Dieses Stück Papier ist mit sehr viel Missverständnissen, mit Schmerz und Macht behaftet wie nichts anderes auf der Welt.

Es geht also gar nicht um Geld, wenn es ums Geld geht, sondern um unser Bewusstsein und unsere Überzeugungen. Machen wir nicht den Fehler, das Geld zum Sündenbock für eigene Unzulänglichkeiten zu machen. Es macht diese ja nur sichtbar.

Deshalb sollten wir einer Situation mit wenig Geld dankbar sein, dass es uns zeigt, dass wir immer noch im persönlichen Ich-Bewusstsein festhängen, anstatt uns für das größere, das SELBST zu öffnen. Finanzielle Abhängigkeit ist weder schicksalsbedingt noch unveränderbar, sondern eine unmittelbare Folge einer änderungsbedürftigen Einstellung zum Geld und ein Mangel an persönlicher Initiative und Kreativität. Geld ist weder schlecht noch verdirbt es den Charakter. Wir sollten unsere Ängste nicht in Geldsorgen „ummünzen" und unsere Schuldgefühle nicht in Schulden umwandeln. Der erste Schritt ist das Desaster zu durchschauen, anstatt es verändern oder gar lösen zu wollen. Erst wenn wir Ursache und Wirkung klar erkennen, können wir eine Änderung herbeiführen. Geld ist also nur ein äußerer und somit sichtbarer Ausdruck einer sonst unsichtbaren und inneren Situation. Die Situation mit dem Geld entspricht allein unserer Bewusstseinshaltung, unserer Sichtweise, unserer Einstellung, Taten,

Reaktionen, Gedanken und unserer Gefühle. Es ist nicht das Geld, das einen gierig oder rücksichtslos macht, sondern die Einstellung dazu. Unser größter Reichtum aber ist nicht das Geld, sondern unser wahrer Wesenskern mit seinem grenzenlosen Potenzial.

> **TIPP: Jeder Mensch hat die Fähigkeit, aus dem Nichts etwas zu erschaffen und das beginnt immer mit einer Idee. Der Erfolg und die Verwirklichung stellen sich ein, wenn wir vorher einfach nicht aufgeben, bevor es sich erfüllt hat. Erst wenn wir uns bewusst sind, dass alles möglich ist und Geld im Überfluss vorhanden ist, können wir auch wirklich vertrauen. Und wer im Urvertrauen ist, der zieht Geld magisch an.**

Das liebe, liebe Geld

Geld mag die Schale für vieles sein, aber nicht der Kern. Es verschafft dir Essen, aber nicht Appetit, Medizin, aber nicht Gesundheit, Möglichkeiten zum Kennenlernen, aber nicht Freunde, Diener, aber nicht Treue, Tage der Freude, aber nicht Frieden noch Glück.

– Henrik Johan Ibsen

Wir stehen mitten im Leben und uns bleibt nichts anderes übrig, als dieses „Geldspiel“ mitzuspielen. Ganz gleich, was wir im Leben haben wollen oder auch nicht haben wollen, wir brauchen Geld, um zu überleben. Geht es ganz ohne? Der Traum vom Aussteiger mitten in der Vorstellung einer idyllischen Landschaft mag verlockend klingen, doch auch Pflichtversicherungen, die Krankenkasse oder auch Strom sind nicht umsonst zu haben. Reichtum entsteht im Denken. Wer in seinen Gedanken reich ist, also „reiche" Gedanken hat, ist es auch im Leben. Wer aber reich an Gedanken ist, wird das Gegenteil erfahren. Nicht Geld regiert die Welt, sondern das Mangelbewusstsein. Seit jeher wird uns eingeredet, dass es nur einen begrenzten Vorrat an Wohlstand gäbe und dass man sich sein Geld hart verdienen und sehr genau einteilen müsse. Immer wieder hören wir Sätze wie: „Das kannst du dir nicht leisten ..., dafür fehlt dir das nötige Kleingeld ..., das ist ja viel zu teuer" ... usw. Gleichzeitig erleben wir aber, dass andere viel mehr bekommen und weiterhin ihren Besitz anhäufen. Natürlich stellt man sich selbst und seine Situation infrage: „Warum haben die anderen das, was ich nicht erreichen kann. Wie machen die anderen das? Was mache ich falsch? Kann ich überhaupt etwas tun? Ist es Schicksal, dass der eine immer viel hat und der andere immer wenig haben wird?"

Man kann ja immer nur das anziehen, was einem entspricht. Die Erfahrung zu machen, viel Geld zu haben, ist nicht unbedingt immer harmonisch. Als Außenstehender mag man das vielleicht anders sehen, doch der, der über viel Geld verfügt, erlebt oft sehr schmerzhafte Erfahrungsprozesse. *Es geht im Leben ja nicht darum, sich im Außen Reichtum anzuhäufen, sondern den inneren Reichtum zu entdecken.* So gesehen ist Geld nur Mittel zum Zweck oder sogar auch wertlos, weil das Geld uns niemals zu Glück verhelfen wird. Es kann uns vorübergehend Befriedigung und ein gutes Gefühl verschaffen, aber diese Empfindungen vergehen. Und was bleibt? Wir sollten uns also mehr nach dem wahren Reichtum ausrichten, anstatt dem nachzujagen, was sowieso vergänglich ist. Wer innerlich reich ist, kann im Außen jeglichen Verlust hinnehmen. Wer innerlich arm ist und auch im Außen Verluste erleidet, ist wirklich arm dran.

Sie sollten also einmal für sich entdecken, was Reichtum wirklich bedeutet. Dem Geld nachzulaufen ist völlig sinnlos, solange Sie sich in ein Mangelbewusstsein eingesperrt haben. Selbst wenn Sie Ihr Ziel erreichen, könnten Sie es nicht halten, wie etliche Lottomillionäre beweisen. Durch das Mangelbewusstsein wird Fülle immer wieder abgestoßen und nur das Wohlstandsbewusstsein kann Fülle erzeugen. In Wirklichkeit will ja niemand Geld haben. Geld ist ja nur ein Blatt Papier. Vielmehr geht es darum, was man sich damit kaufen kann. Warum also nicht gleich das verursachen, was Sie haben wollen, ohne den Umweg über das Geld zu machen? Geld an sich ist ja nicht besonders attraktiv und wohl keiner würde es haben wollen, wenn er sich nichts dafür kaufen könnte. Geld verleiht dem Menschen ein gutes Gefühl und gibt ihm Macht, obwohl es selbst eigentlich gar nichts wert ist.

Stellen Sie sich vor, Sie würden in diesem Moment eine Million geschenkt bekommen. Wenn Sie jetzt noch die Augen schließen und sich das etwas genauer vorstellen, werden Sie sich dabei ertappen, dass Sie sich besser fühlen. Stimmt Sie das nicht nachdenklich, dass allein der Gedanke an Geld solch eine Empfindung auslösen kann? Allein der Gedanke an Geld setzt uns in Verzückung und manipuliert uns so ganz nebenbei. Ob wir das nun wollen oder nicht. Und wenn wir einmal Geld haben, entwickeln wir eine Bindung an das, was wir uns dafür gekauft haben. Wir können so also nie wirklich frei sein. Braucht es also Geld, um sich frei zu fühlen oder braucht es vielleicht doch nur den inneren Reichtum, um wirklich frei zu sein?

Wer wirklich frei ist und keine Bindung mehr zu Geld entwickelt, dem wird es ganz egal sein, ob er welches hat oder nicht. Und mit dieser Einstellung machen Sie sich nahezu magnetisch für Geld und ziehen es an, obwohl Sie das eigentlich gar nicht beabsichtigt haben.

Erleben Sie sich in der grenzenlosen Freiheit des Schöpfers, der ganz alleine bestimmt, was sich in seinem Leben als Realität manifestieren soll. Dem Leben ist es ganz gleich, ob Sie wenig oder viel haben, es ist genug für alle da! *Indem Sie den Wohlstand in sich zum Leben erwecken, wird sich der Wohlstand der Welt vermehren.* Sie brauchen nur zu wählen! In der richtigen Wahl liegt das ganze Geheimnis. Das Leben macht keine Fehler und liefert nur Bestellungen. Da Sie ein Schöpfer sind und daher über ein Schöpfer-Bewusstsein verfügen, können Sie das Erwünschte direkt, sofort und ohne Umwege „manifestieren". Auf diesem kürzeren Weg bestimmen allein Sie die Regeln und dadurch können Sie frei sein und alles erhalten. Was immer Sie denken, sich vorstellen und glauben können, wird sich manifestieren, da es Ihre Wahl ist. Wenn Sie Geld keine größere Wertigkeit einräumen als einem Stück Zeitungspapier, dann wird es den Weg zu Ihnen finden. Sobald Sie es nicht mehr wollen, wird es zu Ihnen drängen. Und vergessen Sie nicht, alles hat immer nur den Wert, den man ihm gibt. Aus sich heraus ist alles gleichwertig und unterscheidet sich nicht voneinander, außer Sie geben dem einen Stellenwert, der mit der Sache selbst nicht das Geringste zu tun hat.

TIPP: Finden Sie heraus, was Geld in Wirklichkeit ist. Danach schauen Sie hin, was es Ihnen bedeutet. Es ist wichtig, den Bezug zu Geld zu verändern und zu überprüfen, inwieweit Sie nur in der Vorstellung über Geld festhängen oder seine wahre Substanz durchschaut haben. Entdecken Sie in allem das Eine, nur so wird auch Geld den Weg zu Ihnen finden.

Wenn Geld nicht den Weg zu Ihnen findet

Wenn alle Menschen nur aus Überzeugung in den Krieg zögen, dann würde es keinen Krieg geben.

– Leo N. Tolstoi

Vielleicht sind Sie sich nicht bewusst, dass jede Überzeugung und jeder Glaubenssatz eine „Anweisung an das Leben" ist. Wenn diese

Überzeugungen aus dem Mangel heraus entstehen, dann weisen Sie gewinnbringende Ereignisse, Situationen oder Umstände zurück. Überprüfen Sie einmal Ihren Bezug zum Geld. Wie denken Sie darüber? Nachfolgende Überzeugungen kennen Sie alle. Doch haben auch Sie einen dieser Sätze zu Ihrer Wahrheit gemacht? Wenn ja, sollten Sie das schleunigst ändern. Jede dieser Überzeugungen hält Geld von Ihnen zuverlässig fern.

- Geld verdirbt den Charakter.
- Alles wird ständig teurer.
- Man kann auch ohne Geld glücklich sein.
- Wenn ich reich bin, wollen alle etwas von mir haben.
- Die Schulden erdrücken mich.
- Ich verstehe nichts von Geld.
- Es gibt Wichtigeres als Geld.
- Jemandem, der nichts hat, kann man auch nichts nehmen.
- Geld ist die Wurzel allen Übels.
- Es kann nicht immer so viel da sein, wie man gerne hätte.
- Ich muss meine Schulden noch abbezahlen.
- Wenn ich mein Leben bestreiten kann, bin ich zufrieden.
- Geld ist mir eigentlich egal.
- Ich hätte so gerne einen großen Geldgewinn.
- Reichtum macht nicht glücklich.
- Wenn ich spare, dann habe ich Geld für den Notfall.
- Einer der viel hat, muss ständig darauf achten, es nicht zu verlieren.
- Man kann nun mal nicht alles haben.
- Geldgeschäfte interessieren mich nicht.
- Warum sollte gerade ich Geld gewinnen?
- Hätte ich mehr Geld, würde es mir besser gehen.
- Man braucht Glück, um reich zu sein.
- Ich habe viel zu wenig davon.
- Geld zu haben ist schön, aber nicht notwendig.

- Ich werde wohl nie zu mehr Geld kommen.
- Je mehr ich habe, desto mehr Steuern sind zu bezahlen.
- Kaum habe ich Geld, schon ist es wieder weg.
- Ich wünsche mir Geld.
- Mit mehr Geld hätte ich nicht diese Probleme.
- Reichtum ist mir nicht wichtig.
- Vieles ist unerschwinglich.
- Manches werde ich mir nie leisten können.
- Wer viel hat, der kann auch viel verlieren.

Alles, was in Ihr Leben fließen möchte, wird mit genau diesen Gedanken oder Glaubensätzen davon abgehalten. Dass der Glaubenssatz „Man kann nun mal nicht alles haben" den Geldzufluss verhindert, ist Ihnen vielleicht zwischenzeitig klar. Vielleicht fragen Sie sich jetzt aber, wie z.B. der Satz: „Ich wünsche mir im Lotto zu gewinnen" den Geldfluss verhindern kann? Wenn Sie sich einen Lottogewinn wünschen, heißt das auf energetischer Ebene so viel wie: „Ich lebe im Mangel". Warum sonst sollten Sie sich Geld wünschen? Wenn Sie im Wohlstand leben, brauchen Sie sich keinen Wohlstand mehr zu wünschen. Nur wer im Mangel lebt, kann so einen Wunsch äußern. Aus dem Mangelbewusstsein heraus kann Fülle nicht entstehen. Mangel kann nur Mangel anziehen und Fülle zieht bekanntlich Fülle an.

Wenn Sie aber kein Geld haben, wie sollten Sie aus der Fülle heraus Fülle erzeugen, wenn Sie doch nicht in dieser Fülle sind? Sie müssen nicht in der materiellen Fülle sein, um Geld zu verursachen. Es braucht bewusst gelebte innere Fülle, die diese Fülle nach außen tragen wird. Es ist eine Gesetzmäßigkeit, dass auch Geld dem Resonanzprinzip folgt. Es ist ja nichts weiter als eine Schwingung. Eine entsprechende Schwingung zieht Entsprechendes an. Schnee kann kein Badewetter verursachen und negative Gedanken können nichts Positives ins Leben rufen. Wenn Sie jetzt sagen, Sie wüssten das bereits, dann würde ich sagen, dass ich Ihnen das glaube und nicht vermute, dass Sie es nicht wissen. Warum ich es niederschreibe? Weil Sie es zwar wissen, aber es irgendwie versäumen, es direkt umzusetzen. Was nützt Ihnen das Wissen, dass ein schlechter Gedanke Ihnen Schaden zufügt, wenn Sie die Gedanken trotzdem weiterdenken? Was nutzt Ihnen die Gewissheit, dass eine Veränderung nur geschieht, wenn der energetische Raum vorhanden ist und Sie all Ihre „Räume" trotzdem mit Gedankengut vollstopfen? Beginnen Sie damit, nicht nur um Lösungen zu wissen, sondern sie auch in Ihr Leben einfließen zu lassen. Leben Sie Achtsamkeit und entlarven Sie das Nachdenken, wenn Sie es tun, und durchschauen Sie den Ärger in dem Moment, wo er auftaucht und präsent ist. Sich am Abend zu sagen, Sie hätten sich nicht ärgern müssen, ist viel zu spät. Erledigen, durchschauen, erkennen und erfahren Sie alles immer sofort und genau in dem Moment, wo es passiert. Nur so sind Sie in der Lage, Ihre wahre Identität zu erforschen.

Je mehr Sie sich über diesen Mangel definieren, umso schwieriger wird sich das Leben gestalten. Deshalb ist es wichtig, bewusst durch den Tag zu gehen und sich in jedem Augenblick seiner Programme bewusst zu sein. Versuchen Sie ständig wahrzunehmen, was geschieht und was nicht geschieht, was wirkt und was fehlt. Versuchen Sie auch die Realität von der Illusion zu unterscheiden. Wenn Sie wissen, dass z.B. die Natur Illusion ist, Sie sie aber als Ihre persönliche Realität wahrnehmen, nutzt Ihnen auch hier Ihr Wissen nicht. Wenn Sie im Wald spazieren gehen, ist da jemand, der geht und da steht etwas, das der, der geht, als „Baum" bezeichnet – doch beides ist nicht real.

Das Bewusstsein verbirgt sich als Realität hinter den Erscheinungen, denen Sie begegnen. Sie sollten also ständig im allumfassenden Bewusstsein verweilen, ohne die Dinge einzuordnen. Nehmen Sie Ihr eigentliches Sein wahr und erkenne Sie auch, dass Überzeugungen weder zu Ihnen gehören noch Realität besitzen.

Überprüfen Sie Ihre Überzeugungen und Glaubenssätze:

Ich will mehr Geld haben.
Dieser Satz steht für Mangelbewusstsein und hält Geld nur von Ihnen fern.

Korrigieren Sie diesen Glaubenssatz:

Ich freue mich über ein neues Haus.

Dieser Satz steht für Fülle. Sie erleben es bereits als erfüllte Situation. Wünschen Sie sich niemals Geld, sondern nehmen Sie das geistig in Besitz, was Sie damit erwerben wollen! Geld dient ja nur als Mittel zum Zweck, um etwas zu erwerben. Also steuern Sie das gewünschte Endergebnis immer als bereits eingetretene „IST-Situation" an.

Welche Überzeugungen und Glaubenssätze zum Thema Geld könnten die Ursache dafür sein, dass sich Geld von Ihnen abwendet?

Haben Sie Ihre veralteten Glaubenssätze und Negativgedanken erst einmal festgehalten, sind Sie sich dessen schon mal bewusst. Dies ist der Anfang, um diese wohlstandsverhindernden Fallen abbauen zu können. Wer sie nicht bemerkt, wird weiterhin im Dunkeln tappen. Holen Sie nun jeden Satz gezielt ins Bewusstsein und lesen Sie ihn laut. Machen Sie sich nun bei jedem einzelnen Satz bewusst, was Sie damit beim Leben bestellen oder auch nicht bestellen. Schauen Sie hin, was Sie bis jetzt in Auftrag gegeben haben und Sie werden erkennen, dass das Leben gar nichts anders liefern konnte, als es Ihnen bisher gegeben hat.

Aus dieser Analyse ergibt sich Ihr „Wohlstands-Profil" und das ist genau das, was Sie in diesem Bereich erleben. Auch können Sie nichts anderes erwarten, als das, was Sie bestellt haben. Ist Ihnen das erst einmal klar geworden und haben Sie erkannt, dass es gar nicht anders sein kann, als es im Moment ist, ist der erste Schritt Richtung Wohlstand bereits getan. Der erste Schritt ist bekanntlich immer der wichtigste. Alles andere wird sich nach und nach ergeben.

Diese Überzeugungen gibt es in allen Lebensbereichen und Sie sollten alle Ihre Profile erkennen. Wie ist Ihr Erfolgs-Profil, Ihr Gesundheits-Profil, Ihr Tätigkeits-Profil, Ihr Beziehungs-Profil oder Ihr Bewegungs-Profil? Überprüfen Sie Ihre Profile immer wieder einmal, um zu sehen, welche Fortschritte Sie gemacht haben. Jedes Profil ist anders und wird auch unterschiedliche Ergebnisse anziehen. Bei einer Partnerschafts-Annonce schließt das Wort „Nichtraucher" schon mal zuverlässig den Raucher aus und bei der Umschreibung „wohlhabender Junggeselle", werden Sie in erster Linie Menschen anziehen, die im Mangel leben. Warum? Weil das Menschen sind, die nach Geld Ausschau halten und es somit zuverlässig fernhalten.

Wie ist Ihr Profil? Entspricht es Ihnen wirklich? Wollen Sie das, was Ihre Überzeugungen ausstrahlen und verursachen auch wirklich erleben? Wenn Ihr Profil nicht optimal ist, dann verändern

Sie es. Schon bald wird sich Ihr Leben entscheidend wandeln. Nutzen Sie das Gesetz des Handelns für sich und bestimmen Sie mit der Wahl Ihrer Überzeugungen die Ereignisse Ihres Lebens. Ihre Überzeugungen sind der Ursprung dessen, was Sie erleben und nur dort kann es auch verändert werden. Ihre Glaubenssätze prägen Ihre Lebensumstände und niemand außer Ihnen verursacht sie. Das Gute daran ist, dass Sie diese auch jederzeit ändern und alte Programme durch neue ersetzen können. Das Leben ist so einfach! Es hört sich nicht nur so an, es ist auch gar nicht schwierig, das umzusetzen. Voraussetzung dafür: Das Leben braucht Aufmerksamkeit und sollte etwas näher betrachtet werden.

TIPP: Nur wer weiß, dass etwas geändert werden kann, wird die Opferrolle hinter sich lassen. Sie sind als Schöpfer der Schmied Ihres Glücks. Formen Sie es bedacht und so, wie es sein soll und wie es für Sie stimmig ist. Entscheiden Sie sich jetzt, die oberflächliche Betrachtungsweise hinter sich zu lassen und sich das Leben etwas genauer anzusehen. Es lohnt sich allemal.

Den Traum der finanziellen Freiheit träumen

Wer die Freiheit aufgibt, um Sicherheit zu gewinnen,
wird am Ende beides verlieren.

– Benjamin Franklin

Stellen Sie sich vor, Sie müssten nicht mehr dafür „arbeiten", um Ihr Ziel zu erreichen. Sie entschließen sich, etwas zu tun, einfach nur um einer Tätigkeit nachzugehen, die Ihnen Freude bereitet. Sie nutzen dieses Tun nur dazu, um Ihre Lebensqualität zu verbessern und anderen zu helfen. Sie machen so oft Urlaub, wie Sie möchten, sind vielleicht monatelang unterwegs, um exotische Orte rund um die Welt zu besuchen und genießen jeden einzelnen Augenblick. Sie legen sich ein neues Hobby zu oder kreieren eine neue Geschäftsidee. Vielleicht machen Sie neue Investitionsmöglichkeiten ausfindig und lernen dabei interessante Menschen kennen, die Ihnen weitere gute Verbindungen herstellen.

Sie werden zum Experten auf einem Gebiet (wie z.B. Wohlstandscoach, Wohlstandstrainer etc.), das Ihnen wirklich Freude macht und sind so für viele Menschen ein interessanter Gesprächspartner. Verblüfft stellen Sie eines Tages fest, dass Sie mit diesem interessanten Hobby deutlich mehr verdienen, als Sie es früher taten, als Sie noch den ganzen Tag gearbeitet haben. Sie sparen sich den langen Weg zur Arbeit und müssen nicht ständig im täglichen Stau stehen. Sie brauchen keine Anordnungen von einem Chef zu befolgen, weil Sie Ihr eigener Chef geworden sind. Nun können Sie tun und lassen, was immer Sie wollen. Sie nutzen die Zeit, um etwas für sich zu tun. Sie ernähren sich vernünftig und werden mit der Zeit ein richtiger Experte auf diesem Gebiet. Sie bewegen sich regelmäßig in der freien Natur und bilden sich ständig weiter, einfach weil es Ihnen Freude macht. Sie haben reichlich Zeit für Ihre Familie wie für alles Weitere, das Ihnen Freude bereitet.

Das hört sich gut an? Unvorstellbar? Ein unerreichbarer Traum? Nein. Keineswegs. Dies alles ist machbar, doch um das zu erleben, müssen Sie etwas aufgeben, was Ihnen scheinbar sehr lieb ist, obwohl Sie sich dessen vielleicht gar nicht bewusst sind. Es ist Ihr bisheriges Denken. Die Überzeugung, dass man für Geld hart arbeiten muss, steht zwischen diesem wunderbaren neuen Leben und Ihrem jetzigen. Es wird weiterhin ein Traum bleiben, wenn Sie der bleiben, der Sie jetzt sind und so bleiben, wie Sie jetzt sind. Der einzige Luxus, den Sie sich auf keinen Fall leisten können, sind Schulden, die Ihren Wohlstand zuverlässig verhindern. Die meisten Menschen zahlen monatlich mehr Zinsen für ihre Schulden, als sie für ihre Zukunft sparen.

Sie erleben finanzielle Freiheit in dem Augenblick, wenn Ihr passives Einkommen höher ist als Ihre monatlichen Ausgaben. Dann sind Sie frei für Ihr neues Leben, welches damit beginnt, dass Sie sich immer zuerst bezahlen und schon am Monatsanfang den Betrag weglegen, den Sie sparen wollen. Das sollten 50 Prozent Ihres freien Einkommens sein. Es erfordert keinen Zeitaufwand und legt das Fundament für Ihre persönliche finanzielle Freiheit. Das Geheimnis besteht einfach darin, immer nur das auszugeben, was nach dem Sparen übrig bleibt und nicht zu sparen, was nach dem Ausgeben übrig bleibt. Entscheidend ist nicht, wie viel Sie verdienen, sondern NUR, wie viel Sie davon behalten. Dazu sollten Sie eine besondere Leistung erbringen, im Idealfall etwas Einmaliges, das anderen viel wert ist und Sie nur etwas Zeit kostet.

TIPP: Gewöhnen Sie sich deshalb an, täglich gute Ideen zu haben, aber mindestens eine, die Ihre Einnahmen weiter erhöht. Kaufen Sie nichts, was Sie nicht bar bezahlen können. Das gilt auch für ein eigenes Haus. Der Laie baut, der Fachmann wohnt zur Miete. Eines Tages wachen Sie auf und haben es geschafft und es beginnt Ihr neues Leben.

Das ganze Leben ist Ihre Wahl!

Entscheidungen haben sich nicht mehr nach vorhandenen Mitteln zu richten, sondern die Mittel werden durch Entscheidungen geschaffen.

– Situ U Thant

Wir können gar nicht verhindern, unsere Realität zu wählen, jeder tut es ständig. Andauernd realisieren wir das, was wir „unsere

Welt" nennen. Ob wir das nun bewusst oder unbewusst tun, gutheißen oder ablehnen, jede Situation ist eine Spiegelung unserer Gedanken. Wir manifestieren aber nicht nur fortwährend unerwünschte Situationen, sondern haben auch umgekehrt die Wahl, erwünschte Realitäten „in Erscheinung" zu rufen. Sind Sie sich bewusst, dass Ihr Leben nur Ihre Gedanken widerspiegelt?

Die Frage, die sich stellt: Wähle ich bewusst oder unbewusst und wer trifft die Wahl? Als WER lebe ich und mit wem identifiziere ich mich? Glaube ich eine Person, ein Körper, ein Ego zu sein, oder bin ich das eine Bewusstsein? Bin ich ein persönliches Ich oder das höchste Selbst, das das einzige wahre ICH ist? Das Selbst ruft das Höchste in Erscheinung und die Persönlichkeit das niedere. So ist die Gesetzmäßigkeit. Lebe ich als persönliches Ich, wähle ich damit eine Ich-Realität. Lebe ich als Selbst, wähle ich damit die zu mir selbst gehörende Realität.

Was geschehen ist, können Sie nicht mehr ändern, aber das ist ja ohnehin vorbei. Bestimmen Sie ab sofort als Sie selbst, was geschehen soll, indem Sie aus dieser Ebene heraus wirken. Wer aus der persönlichen Ich-Ebene heraus handelt, darf sich auch nicht über die scheinbar schwierigen und unstimmigen Situationen wundern. Nur das Selbst weiß, was gut ist. Das Ich kann es nicht wissen, es ist in seiner Begrenzung verhaftet und verfügt nicht über den allumsichtigen Überblick, der eine Eigenschaft des Selbst ist.

Also was bedrückt Sie noch? Warum hadern und ängstlich sein? Entweder gefällt Ihnen Ihr Leben, dann werden Sie es auch genießen können oder es gefällt Ihnen nicht, dann ändern Sie es doch. Es gibt also keinen Grund zum Verzweifeln. Nutzen Sie Ihre Chancen und Fähigkeiten, um jetzt Veränderung einzuleiten. Ihr momentanes Leben ist nicht schlecht. Wenn Sie es als solches empfinden, dann wissen Sie ja jetzt, dass es auch besser funktionieren kann. Wie? Indem Sie Ihr Leben ab sofort in die Hand nehmen, da jedes Problem und jede Krise immer nur eine Chance zum Besseren ist. Das Leben sagt ja nicht: „So, jetzt ist dein Leben schlecht und du musst dich damit abfinden.“ Es sagt: „Sieh hin, es würde anders viel besser laufen und einfacher gehen.“ In jedem Problem ist die Lösung bereits enthalten, und wenn Sie etwas genauer hinsehen, werden Sie es auch erkennen können.

TIPP: Versuchen Sie das, was Sie Schwierigkeiten nennen, nicht zu lösen oder zu analysieren. Gehen Sie aus der Ebene des Verstandes in die Ebene des Herzens hinein und dort wird Ihnen alle Hilfe, die Sie brauchen, zur Verfügung stehen.

Die Kunst, vermögend zu sein

Was bedeutet es eigentlich, vermögend zu sein? Wer etwas hat, ist nur einer, der etwas besitzt. Wer aber etwas vermag, der ist wirklich „vermögend“ und wer viel vermag, ist sehr vermögend. Das erste Vermögen ist immer Ihr menschliches Vermögen, wobei es sich beim zweiten Vermögen um Geld und Besitz handelt. Das dritte Vermögen ist Ihr intellektuelles Vermögen und erst alles zusammen ist das, was Sie als Ihr gesamtes Vermögen bezeichnen können.

- Ihr Vermögen ist die Fähigkeit, sich ständig neu zu erfinden und damit seinen Erfolg „unvermeidbar“ zu machen.
- Ihr Vermögen ist die „Kunst der Manifestation“ – die Gestaltung der Zukunft auf geistigem Wege, der Realität folgen wird.
- Vermögend können Sie nur sein, wenn Sie all das, was Sie beginnen, auch erfolgreich beenden, indem Sie einfach vorher nicht damit aufhören.
- Ihr Vermögen ist die Fähigkeit, Ihre Aufmerksamkeit auf ein erwünschtes Ergebnis zu richten, und gerichtet zu halten, bis es vollbracht ist.

- Vermögend zu sein ist die Fähigkeit, Situationen und Umstände in eine gewünschte Richtung zu lenken, aktiv zu steuern und ein beabsichtigtes Ergebnis zu erzielen.
- Ihr Vermögen ist die „Kunst des mühelosen Gewinnens“.
- Vermögend sein heißt immer: „Zuerst gewinnen, erst dann beginnen!“. Jeder Fehler ist immer nur eine Chance zum Besseren.
- Ihr Vermögen ist das „Spiel des Lebens“ bewusst zu spielen und das Spiel wirklich zu genießen und so den „Weg der Freude“ zu gehen.
- Vermögend zu sein heißt auch, segensreich zu leben.
- Ihr Vermögen ist auch die Fähigkeit, all das loszulassen, was Ihr Leben nicht glücklich macht und Ärger und Stress zu verlernen.
- Vermögend zu sein ist die Kunst, sich am Alltäglichen zu erfreuen und sein Glück nicht von äußeren Dingen abhängig zu machen.
- Ihr Vermögen ist es, immer sympathisch und gut gelaunt zu sein.
- Vermögend sein bedeutet im Chancenbewusstsein zu leben und auch Schwierigkeiten als Chance zum Besseren zu erkennen.
- Ihr Vermögen ist Beharrlichkeit und Glaube.
- Vermögend sein heißt, mit der „Instanz innerer Weisheit“ in Kontakt zu sein, die die Antwort auf jede Frage und die Lösung für jede Aufgabe kennt.
- Ihr Vermögen ist es, die richtigen Entscheidungen zu „treffen“.
- Vermögend sein heißt auch in „heiterer Gelassenheit“ zu leben.
- Ihr Vermögen ist die Fähigkeit, das „Werkzeug Mensch“ ständig zu optimieren.
- Vermögend sein heißt auch, achtsam durchs Leben zu gehen und wirklich „präsent“ zu sein. In der „Geistesgegenwart“ zu leben und unerwünschte Ereignisse nicht mehr unbewusst anzuziehen.

- Ihr Vermögen ist auch die erlebte Dankbarkeit – dankbar zu sein, für das, was jetzt IST und geschieht.

Der 3-Säulen-Überblick: Wie Wohlstand unvermeidbar wird

Unsichtbare Harmonie ist stärker als sichtbare.

– Heraklit

Ihr Wohlstand entspricht Ihrem Bewusstsein. Damit Sie bewusster werden und mehr Wohlstand anziehen, ist es wichtig, zuerst das „Falsche" sein zu lassen und das „Richtige" zu tun. Machen Sie sich Ihre Gewohnheiten bewusst, die Ihren Wohlstand verhindern und wandeln Sie diese in Wohlstand schaffende Gewohnheiten um. Dies geschieht zum Beispiel, indem Sie Ihre Aufmerksamkeit nie länger als 2 bis 3 Sekunden auf ein Problem, einen Mangel, auf die Krankheit oder das Leid gerichtet halten.

Auch bei Gedanken sollten Sie das kontrollieren. Sobald Sie merken, dass Ihre Gedanken sich in ein schmerzvolles oder belastendes Thema verwickeln, ziehen Sie diese bewusst ab und lenken Sie sie auf ein angenehmes Thema. Sie werden bemerken, dass der Verstand immer wieder in das Leid eintauchen möchte und nur allzu gerne im Selbstmitleid versinkt. Das macht aber nichts. In dem Moment, wo es geschieht, ziehen Sie Ihre Gedanken wieder ab und wiederholen das bis ins Unendliche. Immer wieder. Täglich, stündlich. Immer. Irgendwann werden die Gedanken nicht mehr automatisch in das Chaos zurückkehren, sondern dort bleiben, wo Sie sie haben wollen. Dies kann nur mit Ausdauer und Kontinuität erreicht werden. Gewöhnen Sie sich deshalb auch an, Ihre Aufmerksamkeit sofort auf eine mögliche Lösung zu richten und auch dort zu halten. Wenn Sie auch noch alle begrenzenden Überzeugungen erkennen und umwandeln, wird Ihrem Wohlstandsbewusstsein schon bald nichts mehr im Wege stehen.

Sie sind ein ungetrennter Teil des einen Bewusstseins und Ihr wahres Wesen ist Fülle. Fülle ist also etwas ganz Natürliches und nicht etwas, was mit großer Anstrengung erreicht werden soll. Alles in dieser Welt geschieht nach dem Gesetz von Ursache und Wirkung. Wenn Sie die richtigen Ursachen setzen, dann wird der Erfolg „er-folgen", weil er gar nicht anders kann. Die wichtigste Ursache für Erfolg und Wohlstand ist Zielklarheit. Geben Sie dem Leben eine klare und exakte Definition, was erreicht werden soll. Wenn Sie nicht wissen, was Sie wollen, wie soll es das Leben wissen? Wie sollen Sie überhaupt ein Ziel erreichen, wenn Sie gar keines haben? Legen Sie also zuerst Ihr Ziel fest und nehmen Sie es geistig in Besitz.

Wirklich „vermögend" werden. Vermögend ist nicht der, der viel hat, sondern nur der, der viel „vermag". Dies bedeutet, dass Sie Ihre Einstellung zu Geld, Erfolg und Wohlstand optimieren müssen. Solange Sie nämlich eine negative Einstellung dazu haben, stoßen Sie all das Erwünschte erfolgreich ab, anstatt es anzuziehen. Ihre Einstellung, Ausstrahlung und Sichtweise arbeiten wie ein Magnet und Sie strahlen ständig etwas aus. Oft strahlt man Mangel und Armut aus, ohne dass man es bemerkt. Auf alle Fälle ist es nicht schöpfungsgerecht, in Armut und Mangel zu leben.

Wenn Sie Geld haben, wird es Tag und Nacht für Sie arbeiten und Ihren Wohlstand ständig mehren. Die Grenze zwischen Arm und Reich ist ein einziger EURO. Wenn Sie nur einen Euro mehr ausgeben, als Sie haben, befinden Sie sich unweigerlich auf dem Weg zur Armut. Vielleicht schaffen Sie sich ein interessantes Zusatzeinkommen. Alles ist jederzeit möglich. Voraussetzung hierfür ist natürlich, dass Sie es auch glauben und sich vorstellen können. Verbessern Sie Ihre Vorstellungen und Überzeugungen ständig und optimieren Sie auch Ihre Gewohnheiten. Mit der schöpferischen Imagination erschaffen Sie aus einer Möglichkeit der Zukunft erlebte Realität der Gegenwart, indem Sie ein Ergebnis in sich emotional und geistig erleben, bevor es in Ihrem Leben verwirklicht ist. Tun Sie so, als ob, und fühlen Sie es, dann wird es auch sein.

Zum wahren Wohlstand gehört auch, dass Sie mit Leichtigkeit durch das Leben gehen und wortwörtlich zum Lebenskünstler werden. Warum? Das Leben meistern Sie entweder spielend oder überhaupt nicht. Zelebrieren Sie Ihr Leben und praktizieren Sie die Kunst des Genießens. Fangen Sie noch heute damit an, wirklich märchenhaft zu leben und helfen Sie auch anderen dabei, ihren Wohlstand unvermeidbar zu machen.

Strahlen Sie das aus, was Sie in Wirklichkeit sind und nehmen Sie das, was Sie über Ihre Sinne wahrnehmen, als nicht so wichtig an. Das Leben soll leicht, unbeschwert und humorvoll sein und wer über sich und sein Leben lachen kann, der zieht auch wiederum Fröhlichkeit in sein Leben. Seien Sie einfach ganz bewusst präsent und leben Sie jetzt. Dieses Jetzt ist jetzt schon wieder vorbei.

DAS WERKZEUG

SÄULE 3: MENTALE Ebene

Erkenntnisse umsetzen, Erfahrungen leben

Aufwachen aus dem Traum, wach zu sein

Dieses Leben in der Welt ist – mit allem, was es enthält –
ein Traum. Das Erwachen aus diesem Traum ist der Tod.

– Khalil Gibran, Sämtliche Werke

Bei unserer Geburt treten wir in ein Energiefeld einer kollektiven mentalen Hypnose ein, durch die wir eine bestimmte Sicht der Dinge bekommen. Ab diesem Moment vergessen wir, dass wir selbst der Schöpfer unserer Lebensumstände sind und das Leben selbst gestalten können. Viele Menschen versuchen das Beste aus den Gegebenheiten zu machen, weil sie sich nicht daran erinnern, Schöpfer zu sein. Wir schauen immer nur auf die äußeren Auslöser und können die energetische Ursache, für das, was ist, nicht mehr erkennen. Wir kommen auch nicht einmal auf die Idee, uns das Ganze etwas genauer anzusehen. *Wir sind schon fast so programmiert, alles hinzunehmen, anstatt den Dingen auf den Grund zu gehen.* Wir haben vergessen, dass unsere ständig gesetzten Ursachen Wirkungen nach sich ziehen. Anstatt diese Gesetzmäßigkeit für uns zu nutzen, sind wir ganz überrascht, wenn etwas geschieht, das wir als unangenehm empfinden. Doch in Wirklichkeit ist es ja nur eine entsprechende Wirkung, die einer Ursache folgt, die wir gesetzt haben.

Vielleicht ist es bequemer, an Glück, Pech, Zufall und Schicksal zu glauben. Wie dem auch sei, wir erkennen nicht mehr, dass es nur Ursache und Wirkung gibt und dass einer gesetzten Ursache die entsprechende Wirkung folgen muss. Wundern Sie sich vielleicht, wenn Sie ein Glas Wasser auf den Boden leeren und er dadurch nass wird?

Wir haben also vergessen, dass Schicksal in Wirklichkeit „Machsal" ist und dass wir alle mit einem unbegrenzten geistigen Potenzial als Gewinner geboren worden sind. Unser wahres Potenzial haben wir nur zu einem ganz geringen Teil in Besitz genommen. Solange wir das nicht tun, wird sich unser Leben auch kaum verbessern. Es ist an der Zeit, dass wir diese kollektive Hypnose erkennen und auflösen, um wieder zu unserer eigentlichen Größe zu erwachen. Nur dann sind wir dazu fähig, unser Leben und unsere Zukunft wieder frei zu bestimmen. Die Umstände können noch so schwierig oder eine Situation noch so verfahren sein, das hat keinerlei Bedeutung mehr, wenn wir aus der „kollektiven Hypnose“ erwachen. Dann können wir mit unserer natürlichen Schöpfungskraft nämlich alles in Erscheinung rufen und was immer wir wollen, zu unserer Wirklichkeit erklären. Anstatt uns nach den „Gegebenheiten“ zu richten, können wir so Ereignisse energetisch bestimmen, BEVOR sie geschehen.

Das beginnt damit, dass wir zunächst durch unsere „energetische Signatur“ unerwünschte Ereignisse nicht mehr unbewusst anziehen und unerwünschte Energien SOFORT auflösen und das, BEVOR sie als Realität in Erscheinung treten können. Dazu müssen wir lernen, in Energiequalitäten zu denken und das, was ist, energetisch wahrnehmen. Nur so können wir erkennen, wo wir eingreifen sollen. Dann gestalten wir als „Zukunfts-Designer“ ganz bewusst das nach unseren Wünschen, was noch nicht in Erscheinung getreten ist. Besser gesagt, das, was für uns stimmt, also das, was sich „stimmig“ anfühlt, sollte verwirklicht werden.

Wer den erwünschten Endzustand geistig „in Besitz“ nimmt, formt und gestaltet das Ereignis bereits, bevor es sich manifestiert.

Machen wir uns also auf den Weg, diesen ersten Schritt der Erkenntnis zu tun. Beginnen wir damit am Ziel zu sein, bevor wir dort angekommen sind. Wir alleine bestimmen unsere Zukunft, und solange wir das nicht realisieren, werden wir weiterhin in unseren scheinbaren und begrenzten Realitäten umherirren und etwas suchen, was wir längst schon sind.

Leben im Wohlstandsbewusstsein

Als ich meine Seele fragte, was die Ewigkeit mit den Wünschen macht, die wir sammelten, da erwiderte sie: Ich bin die Ewigkeit!
– Khalil Gibran, Sämtliche Werke

Im Wohlstand zu leben bedeutet, aus dem notwendigen Bewusstsein heraus Wohlstand zu erschaffen. Überprüfen Sie einmal Ihre Sichtweisen und Verhaltensformen. Machen Sie sich Ihre Glaubenssätze bewusst. Mit diesen haben Sie es bisher geschafft, die natürliche Fülle erfolgreich zu verhindern. Aus einem Mangelbewusstsein heraus wird die Fülle weiterhin auf sich warten lassen. Wenn Sie z.B. denken: „Ich hätte gerne dieses oder jenes ..." deklarieren Sie mit diesem Satz lediglich, dass Sie das Gewünschte NICHT haben. Dadurch entsteht ein Mangel. Und genau dieser Glaubenssatz wird Ihnen nicht hilfreich sein. Ganz im Gegenteil! Er wird dafür sorgen, dass der Wunsch weiterhin ein Traum bleiben wird. Deshalb gibt es nur einen Weg zur Erfüllung: Leben Sie so, ALS OB all Ihre Wünsche bereits JETZT in Erfüllung gegangen sind. Sich etwas nur zu wünschen reicht nicht aus, weil das von Mangelbewusstsein zeugt. Mangel wird immer Mangel anziehen und nur die Fülle kann Fülle erschaffen.

Also geht es darum, genau in diesem Moment in der Fülle zu leben, sie ganz bewusst zu spüren und sie im IST-ZUSTAND zu vollziehen!

Wenn Sie sich schon einmal Gedanken darüber gemacht haben, dass das Wünschen bisher nichts gebracht hat, brauchen Sie sich jetzt nicht mehr wundern, warum dem so war. Ein Wunsch hält die Fülle absolut zuverlässig fern. Sie sollten den Wunsch mit allen Zellen Ihres Daseins erfüllen und ihn wahrhaftig zum Leben erwecken. Dies nur zu denken, reicht nicht aus. Es braucht das Empfinden dazu, genauso wie die Dankbarkeit darüber, dass es bereits geschehen ist.

Worauf Sie auch immer Ihr Bewusstsein richten, genau dorthin wird die Schöpferkraft fließen.

Wunschverhindernde Glaubenssätze und Gedanken trägt fast ein jeder Mensch in sich. Wenn Sie z.B. glauben, dass Geld die Wurzel allen Übels ist, dürfen Sie sich nicht wundern, dass Sie keines haben. Wie soll es zu Ihnen kommen, wenn Sie es unbewusst ablehnen und das Gefühl haben „es steht mir nicht zu", „es verdirbt meinen Charakter" oder „es macht mich ja nicht glücklicher".

Erwartungen erzeugen Druck. Es ist absolut unnatürlich, Erwartungen zu haben. Erwartungen ziehen Enttäuschungen nach sich. Nur wer nichts erwartet, wird garantiert keine Enttäuschungen erleben. Wie auch immer Ihre Lebensumstände sind, es ist eine Spiegelung Ihres Bewusstseins. Wenn Sie sich überhaupt nicht gut fühlen und Sie meinen, dass in Ihrem Leben einiges schiefläuft, brauchen Sie sich keine Vorwürfe zu machen. Auch wenn es Ihr Bewusstsein spiegelt, sind Sie nicht an Ihren Umständen „schuld". Sie können auf die Beschaffenheit der Seele keinen direkten Einfluss nehmen und notwendige Erfahrungen ergeben sich. Deshalb ist es am besten, sich den Gegebenheiten hinzugeben und alle Erfahrungen als hilfreich zu empfinden, auch wenn es beim ersten und beim zweiten Hinsehen nicht so aussehen möchte.

Auch wenn man den Augenblick nicht verändern kann, kann man dennoch etwas tun. Wenn ich den Moment ablehne und er mich schmerzt oder hilflos macht, kann ich meine Aufmerksamkeit ganz bewusst davon abziehen. Wer in schwierigen Momenten seine Aufmerksamkeit auf angenehme und wohlwollende Ereignisse richtet, der verändert in diesem Moment die Zukunft. Wer weiterhin zweifelt, in der Sorge verweilt, im Kummer zergeht oder die Situation zerdenkt, erzeugt ebenfalls Zukunft. Die wird aber alles andere als angenehm sein. Sie wird die Situation entweder aufrechterhalten, sich verschlimmern oder neues Chaos manifestieren. Wer es hingegen schafft, sich dem Leid zu entziehen und sich gedanklich und emotional davon zu lösen, setzt harmonische Ursachen, die harmonische Wirkungen nach sich ziehen werden. Im Prinzip ist es so einfach, doch scheint es inmitten einer Lebenskrise nicht so einfach zu sein, sich mitten in der Krise NICHT damit zu beschäftigen oder zu identifizieren.

Indem Sie die Richtung Ihrer Aufmerksamkeit ändern und Ihr Bewusstsein mit der natürlichen Fülle des Lebens erfüllen, verwandelt, ja verzaubert sich Ihr Leben umgehend. Damit haben Sie ein zuverlässiges Werkzeug zur Hand, um vom Leben immer genau das zu bekommen, was Sie immer schon gewollt haben. Dieses Wollen sollte allerdings kein verstandesgemäßes Wollen, sondern vielmehr ein Bedürfnis sein, das Ihrem Sosein entspricht.

Egobezogene Wünsche gehen deshalb nicht in Erfüllung, weil das Ego kein Wunschpotenzial hat. Das Selbst, das höchste ICH, erschafft und kreiert das Leben im Überfluss. Das persönliche Ich, der Verstand und das Ego hingegen, sind nur Werkzeuge des Selbst und keine „Schöpfer". Überprüfen Sie deshalb, BEVOR Sie sich etwas wünschen, ob es tatsächlich Ihr Herzenswunsch ist und Ihrer Seelenerfahrung entspricht.

Ein Verstandeswunsch kann durchaus da sein und hat auch seine Berechtigung, doch ist er wie ein Umweg auf dem Weg zur Erfüllung, der immer direkt sein soll.

Richten Sie Ihre Aufmerksamkeit und damit Ihr Bewusstsein deshalb möglichst oft auf die natürliche Fülle des Lebens, damit die Schöpferkraft in die Verwirklichung Ihres Lebens einfließen kann. Irgendwann wird in Ihrem Bewusstsein kein Platz mehr für Mangel sein. Dann tritt die natürliche Fülle zum Vorschein und wird immer mehr und mehr vordergründig sein. Sie sind Bewusstsein und nicht sein Werkzeug.

Das scheinen Sie vergessen zu haben, deshalb: Erinnern Sie sich einfach wieder daran. Das Leben wartet schon lange darauf, dass Sie endlich Ihre Anweisungen geben. Worauf warten Sie noch?

Über das Tun vom Ich zum SELBST gelangen

Frieden schaffen heißt, frei sein von Gedanken und als das reine Bewusstsein verweilen.

– Ramana Maharshi

Lassen Sie folgende Punkte auf sich wirken und bringen Sie die in Ihr Leben ein, die Ihnen entsprechen. Je mehr Sie davon integrieren, umso mehr entfernen Sie sich von Ihrem persönlichen Ich, um sich Ihrem Selbst zu öffnen. Wer sich öffnet und nach innen schaut, der wird mitten im materiellen Leben das Paradies auf Erden erleben.

- **Glücksbringende Gewohnheiten schaffen**
  Ich schaffe die richtigen und glücksbringenden Gewohnheiten wie z. B. gut gelaunt, sympathisch, gesund oder ein idealer Partner zu sein. Ich beginne damit „grundlos" glücklich zu sein. Glück ist leben zu dürfen. Es ist das höchste Geschenk. Alles, was sonst noch geschieht, ist ein zusätzliches Geschenk. Ich entwickle ein „Talent zum Glücklich SEIN" und schaffe mir damit ein gesundes und erfüllendes Wohlstandsbewusstsein.

- **Durchhalten, um Erfolg zu erzielen**
  Ich mache mir das „Erfolgreich SEIN" zur Gewohnheit. Jedes Vorhaben beende ich stets erfolgreich. Ist das nicht der Fall, höre ich erst damit auf, wenn ich mein Ziel erreicht habe.

- **Erwartungen loslassen**
  Ich erwarte nichts und alles, was eintrifft, ist eine Zugabe. Wenn ich meiner Ein-Gabe folge, kann ich meine Auf-Gaben erkennen und meistern und das Leben wird mir auch Zu-Gaben schenken.

- **Nichts mehr „müssen"**
  Ich streiche das Wort „müssen" nicht nur aus meinem Sprachschatz, sondern auch aus meinen Gedanken. Ich muss gar nichts. Auch meine Gefühle, die mir weismachen, etwas tun zu müssen, zu entsprechen oder gefallen, kann ich hinter mir lassen. Wie hört es sich an, nie mehr etwas zu müssen? Wenn ich mir dennoch einbilde, einem Muss folgen zu müssen, sollte ich herausfinden, wer hinter diesem Zwang steckt. Nur ein Ich kann etwas als ein Muss bezeichnen, ein Selbst muss gar nichts.

- **Achtsamkeit in jedem Moment und den Augenblick erfüllen**
  Ich beginne damit wirklich „märchenhaft" zu leben und praktiziere und optimiere die Kunst, aus einem ganz normalen Alltag etwas ganz Besonderes zu machen. Mein Leben zu „zelebrieren" wird zu einer Angewohnheit, zu etwas Alltäglichem.

- **Die „energetische Signatur" optimieren**
  Ich kann immer nur das anziehen, was mir entspricht. Somit verhindere ich zuverlässig das, was ich gerne hätte oder gut brauchen könnte. Mein Selbstbild und meine „energetische Signatur" entsprechen den Ereignissen in meinem Leben. Wenn ich stimme, stimmt auch mein Leben.

- **Die Aufmerksamkeit abziehen von dem, was nicht sein soll und auf das richten, was sein soll**
  Ich gestatte meiner Aufmerksamkeit nie mehr länger als zwei bis drei Sekunden bei einem Problem, einer Schwierigkeit,

einer Krankheit oder einem Mangel zu bleiben. Ich ziehe meine Aufmerksamkeit also bewusst ab und richte sie auf die Lösung, auf eine Möglichkeit oder Chance. Auf das, was sein soll.

- **Die richtigen Entscheidungen „treffen"**
  Ich entscheide mich, ob ich mein Ich oder mich SELBST glücklich machen will. Ich kann nur einen Weg gehen und der Weg des SELBST ist die Königsdisziplin. Der Weg des persönlichen Ich ist nicht schlecht. ER ist notwendig, da Sie nur über ihn, zu sich SELBST gelangen werden.

- **Dem Leben die richtigen „Anweisungen" geben**
  Gedanken, Gefühle, Überzeugungen und Handlungen sind Anweisungen. Alles, was ist, kann in das, was sein soll, gewandelt werden. *Die stärkste Anweisung ist mein Sosein*. So wie ich bin, so zeigt sich mein Leben. Jedes Leben ist die Entsprechung des individuellen Wesens. Auch Überzeugungen und der Glaube sind Überzeugungen. Das, was ich glaube, bestimmt das, was ich erlebe.

- **Ich mache mir bewusst, WAS ich ändern will.**
  Ich akzeptiere zunächst einmal, dass es derzeit so ist. Ich erkenne es als meine Schöpfung und mich als Schöpfer, Die möglichst präzise Definition des „erwünschten Endzustands" ist wichtig. Ungenaue Bestellungen führen zu ungenauen Wirkungen. Dazu gehört auch die positive Formulierung. Die meisten Menschen wissen zwar genau, was sie nicht wollen, aber sie wissen nicht, was sie wirklich wollen. Das, was ich nicht will, ist eine Ablehnung und auch was ich nicht will, wird geliefert. Das Leben liefert nach Entsprechungen und Emotionen und unterscheidet nicht zwischen gut und schlecht, dies tut nur der Mensch.

- **Den Glauben nochmals überprüfen**
  Ich sollte sicherstellen, dass der erwünschte Endzustand innerhalb meiner Glaubensgrenze liegt. Das Leben kann mir nichts geben, das ich mir selbst verweigere. Affirmation: „Ich bin es wert. Ich fühle mich wertvoll genug, um Erfüllung jetzt zu erleben!“

- **Bewusste Entscheidungen treffen**
  Ich erlebe bewusst die ungeheure Freiheit der Wahl. Auch wenn ich Fehler gemacht habe oder glaube, in einer schwierigen, oder gar aussichtslosen Lage zu sein, es verliert jegliche Bedeutung. Das Leben möchte mir wirklich alles geben, wenn ich nun endlich klare Anweisungen gebe. Entweder gebe ich sie aus meinem Verstand heraus oder ich bin selbst die Anweisung. *Das Selbst, das Bewusstsein ist eine Anweisung, das persönliche Ich hingegen gibt sie!* Das Leben liefert immer das, was bestellt worden ist. Sobald Absicht und Ursache übereinstimmen, wird das Leben den erwünschten Endzustand hervorbringen. Das Leben macht keine Fehler, es führt nur jeden erteilten Auftrag getreulich aus. Entspricht das Ergebnis einmal nicht meiner Erwartung, habe ich nicht das Richtige bestellt. Das Leben liefert stets das Bestellte. Es macht nichts, wenn die Bestellung nicht meinen Vorstellungen entspricht. Ich brauche ja nur neu zu bestellen und schon bekomme ich, was immer ich haben wollte.

Situationsanalysen und Tests

Das Selbstbild

Das Bild, das wir von uns selbst haben, ist deshalb so wichtig, weil die Welt, die wir erleben, eine Reflexion unserer Überzeugung ist. Wie sehr uns die Welt gefällt, wie gut es uns geht und wie viel wir im Leben erreichen werden, alles das bestimmt das Selbstbild. Sie aber bestimmen Ihr Selbstbild, können es zumindest jederzeit bewusst tun.

Der erste Schritt besteht darin, die Art zu überprüfen und gegebenenfalls zu optimieren, wie ich über mich denke und rede. Wenn Sie sich als erfolgreich ansehen, werden Sie erfolgreich sein. In derselben Welt gibt es Menschen, die fast ständig glücklich sind und andere, die permanent unglücklich sind. Es gibt sogar Menschen, die bekommen ein schlechtes Gewissen, wenn es ihnen gerade einmal gut geht und da sie erwarten, dass dies nicht lange so bleibt, ändert es sich auch sehr schnell. Sie erleben so viel Glück im Leben, wie SIE erwarten. Wenn wir uns aber selbst nicht mögen, lassen wir das an uns aus. Unbewusst ziehen wir Unfälle, Krankheiten,oder Mangel in unser Leben. Wir sabotieren zuverlässig das eigene Glück, nur weil wir uns nicht wert fühlen, es zu erleben. Ihr Selbstbild ist verantwortlich für Ihr Leben und entscheidet über dessen Verlauf.

Folgende Überzeugungen und Glaubenssätze sollten Sie übernehmen und folgende Überlegungen sollten Sie anstellen, wenn Sie Ihr Selbstbild verändern wollen.

- Mein Selbstbild ist eine Überzeugung, die ich als Realität erlebe!

- Zuerst gewinnen und dann beginnen. Gewinnen Sie zunächst in Ihrer Fantasie und gewöhnen Sie sich so daran, dass es ganz automatisch auch im Außen geschieht.
- Das Leben ist ein Spiel. Wohlstand und damit Geld ist ein Maßstab, an dem man erkennen kann, wie das Spiel ausgegangen ist.
- Ein Gespräch, eine Situation, eine Beziehung, mein Leben – alles, was nicht mehr zu mir gehört, kann getrost losgelassen werden.
- Es gibt keine Schwächen. Das, was wir als Schwächen bezeichnen, ist nur dazu da, um in Stärken umgewandelt zu werden.

Folgende Fragen sollte ich mir beantworten, um mein Selbstbild zu überprüfen und anschließende Veränderungen zu erzielen:

Wenn ich meine Wünsche verwirklichen will, wer will das wirklich und wer bin ich?

____

____

____

____

Entspringt der Wunsch meinen persönlichen Belangen oder einem inneren Bedürfnis?
Ich mache mich jetzt auf den Weg. Nicht um mein Leben zu verändern, sondern um herauszufinden, was ich wirklich bin.

____

____

____

____

Fehlt es mir an Geduld, Beharrlichkeit, Glauben oder Vertrauen?

Wo begrenze ich mich noch?

Welche Gedanken oder Gefühle verhindern meinen Erfolg?
Erfolg ist ja nur eine Wirkung, die aufgrund einer Ursache folgt!

- Ich schaffe Zielklarheit.
- Was will ich wirklich?
- Warum will ich es?
- Wer will es?
- Was ist der Sinn meines Lebens?

Sind meine Ziele stimmig?

Ein stimmiges Ziel erkenne ich daran, dass es mir die Motivation und die Kraft gibt, es sicher zu erreichen. Ich sollte mir vorstellen können, bereits am Ziel zu sein. Weiter muss ich mich meines Ziels wert fühlen, da mir das Leben nichts geben kann, was ich mir selbst verweigere.

____

____

____

____

Was ist meine Berufung?

Ich finde vom Beruf zur Berufung. Der Beruf sollte etwas sein, WOFÜR und nicht WOVON man lebt. Eine solche Tätigkeit kann ich auch nicht mehr Arbeit nennen. Es ist Freude und Erfüllung.

____

____

____

____

Wie gehe ich mit Zeit um?

Es ist an der Zeit, den richtigen Umgang mit der Zeit zu lernen. Um meine Lebenszeit optimal zu nutzen, sollte ich den richtigen Zeitpunkt für alle Umstände finden und keine Zeit mehr mit Unwesentlichem vertun. Es bedarf des Wissens, wofür es zu leben lohnt. Ich sollte mir bewusst machen, wofür es sich lohnt, meine Zeit, mein Geld und meine Zeit einzusetzen.

____

____

____

____

Wie kann ich mehr Lebensqualität schaffen?

Was be- oder verhindert derzeit noch mein Glück? Warum?

Was würde mein Leben schöner, erfüllender machen?

Was kann ich jetzt tun, um sie zu erfüllen?

Was sind derzeit meine Probleme?

Wieso habe ich sie noch nicht gelöst?

____

____

____

____

Wie kann ich meine Gesundheit optimieren?

____

____

____

____

Wie werde ich noch erfolgreicher?

____

____

____

____

Was kann ich tun, um „vermögend" zu werden?

____

____

____

____

Was sollte ich mir abgewöhnen?

____

____

____

Was sollte ich mir angewöhnen?

____

Bin ich ein idealer Partner? Was ist zu tun?

Wer oder was spielt in meinem Leben die Hauptrolle?

- Erfolg, Anerkennung, Geld, Besitz, Gewohnheit, Liebe oder ich SELBST?
- Was sollte die Hauptrolle spielen?
- Was ist zu tun?

Geldbewusstsein: Machen Sie den Test

Ein reicher Mann ist oft nur ein armer Mann mit sehr viel Geld.

– Aristoteles Onassis

Sie schärfen Ihr Geldbewusstsein, indem Sie sich folgende Fragen aufrichtig beantworten. Lassen Sie sich nur Zeit damit. Bevor sich in Ihrem Leben etwas verändern kann, sollten Sie sich Gewissheit verschaffen, wie Sie denken und fühlen.

Sind Sie sich überhaupt Ihrer Fähigkeiten bewusst?

Wissen Sie, was Sie können?	O JA	O NEIN
Wissen Sie, was Sie wollen?	O JA	O NEIN
Wissen Sie, was zu Ihnen passt?	O JA	O NEIN
Wissen Sie, was Ihr Leben belastet?	O JA	O NEIN
Wissen Sie, was nicht mehr zu Ihnen gehört?	O JA	O NEIN
Wissen Sie, welche Glaubenssätze schon längst überholt sind?	O JA	O NEIN

Haben Sie diese Fragen beantwortet, dann sehen Sie sich diese noch einmal in Ruhe an. Überprüfen Sie, ob sie tatsächlich mit Ihnen übereinstimmen, und beginnen Sie, produktiv zu werden. Wenn Sie es jetzt nicht umsetzen, werden Sie es wohl nie mehr tun! Warten Sie nicht darauf und verschieben Sie nichts auf morgen oder auf nächste Woche, sondern starten Sie jetzt.

Was können Sie nun tun?
Nutzen Sie neue Chancen!
Leben Sie Ihre Träume!
Verwirklichen Sie Ihre Wünsche!
Lassen Sie Ihr Potenzial nicht verkümmern!
Stehen Sie zu sich und trauen Sie sich!
Lassen Sie los, was nicht glücklich macht!
Erneuern Sie sich selbst, damit das Leben diesen Wandel spiegeln kann.
Packen Sie die Gelegenheit beim Schopf und setzen Sie Ihre Antworten um.

Wie Sie Ihr Geldbewusstsein schärfen

Mit folgenden Punkten können Sie nicht nur Ihr Potenzial überprüfen, sondern auch Ihre Grundeinstellung in Bezug auf Geld ändern. Das Geldbewusstsein wird nicht nur geschärft, sondern sobald Ihnen die Möglichkeit einer Veränderung bewusst wird, beginnt sie auch bereits zu geschehen. Der erste Schritt für Veränderungen ist es, sich bewusst zu machen, wo man sich noch im Weg steht, wo man seine Stärken hat, was bisher ungelebt blieb und was man noch tun kann. Der zweite Schritt ist, es festzuhalten und das können Sie hier. Der dritte Schritt ist zu erkennen, was zu tun ist, bevor Sie die nächsten Schritte tun und es umsetzen können. Lassen Sie sich Zeit und haben Sie Geduld und vergessen Sie nie, dass es immer nur der erste Schritt ist, der am schwierigsten erscheint.

Fünf Dinge, die ich am liebsten tue:

____

____

____

____

____

Fünf Dinge, die ich besonders gut kann:

____

____

____

____

____

Fünf Gründe, die mich bisher daran gehindert haben, das zu tun, was mir besonders Freude macht:

Fünf Möglichkeiten, wie ich diesen Monat ein paar Euro zusätzlich verdienen kann:

Fünf Möglichkeiten, um unnötige Ausgaben zu vermeiden:

Fünf Möglichkeiten, um meinen „Marktwert" zu erhöhen:

Fünf „materielle“ Schritte, die mich wohlhabender machen:

____

____

____

____

____

Fünf Schritte im Bewusstsein, die mich wohlhabender machen:

____

____

____

____

____

Der Weg zu unbegrenztem Wohlstand

Eine gründliche Situationsanalyse kann Ihnen einiges aufzeigen und verdeckte Schwächen sichtbar machen. Jeder Mensch geht seinen ganz individuellen Weg und ist somit einzigartig. Man kann also nicht sagen, was richtig oder falsch ist, was man tun oder lassen muss oder was unbedingt erforderlich ist. Wenn man sich auf seinem Weg wohlfühlt und davon überzeugt ist, ihn genau so zu gehen, wie man ihn als stimmig empfindet, wird es auch der richtige sein. Auch Ihr Weg ist einzigartig und unterscheidet sich von anderen grundsätzlich. Versuchen Sie nicht zu entsprechen, andere nachzuahmen oder das zu tun, was Ihr Verstand Ihnen einreden will. Gehen Sie Ihren Weg eigenständig und voller Überzeugung und zwar so, dass Sie sich darin wohlfühlen. Wohlfühlen führt unweigerlich zum Wohlstand, wenn Sie mit

Pioniergeist, Tatendrang, Freude und voller Kraft an Ihre Lebensaufgabe herangehen und sie aus einem inneren Bedürfnis heraus tun, was Sie tun „müssen". Vergessen Sie nicht, dass es nur darum geht, das Leben zu erfüllen und zwar mit sich SELBST.

Wie ist Ihr Weg zum unbegrenzten Wohlstand? Sind Sie sich bereits bewusst, wie der aussehen soll, oder tappen Sie noch etwas im Dunkeln? Vielleicht liegt es daran, dass Sie es verlernt haben, spontan zu sein. Es kann schon mal etwas länger dauern, dass Gefühle, die jahrelang unbeachtet bleiben, wieder in den Vordergrund treten. Machen Sie sich am besten Ihre derzeitige Situation bewusst und beschreiben Sie sie so umfangreich wie möglich. Je ehrlicher und umfassender das geschieht, umso hilfreicher werden die Antworten für Sie sein. Antworten Sie so präzise wie möglich, ohne zu viel darüber nachzudenken. Je spontaner Sie die Fragen beantworten, umso wertvoller werden sie sein.

Was der Verstand nicht weiß, ist wesentlich,
was er weiß, bleibt unwesentlich.

Gibt es an meiner momentanen Situation Umstände oder Zustände, die unerwünscht sind?

____
____
____
____
____

Wo stehe ich heute, in diesem Augenblick?

____
____
____

Wie hoch ist mein derzeitiges Einkommen?

Welches Einkommen wäre für mich optimal?

Steht mir dieses Wunscheinkommen auch zu? Gebe ich dem Leben so viel, dass es mich fürstlich belohnt?

Wie könnte ich das erreichen?

Versuche ich immer wieder Tätigkeiten in Erwägung zu ziehen oder sogar auszuüben, die gutes Geld versprechen?

Bin ich dabei, mich meiner Lebensaufgabe zu stellen, ohne danach zu schielen, ob ich davon leben kann?

Was könnte ich tun, um meine Berufung zu leben?

Warum habe ich das bisher noch nicht getan?

Bin ich bereit, das Leben zu verändern und es endlich in die Hand zu nehmen?

Wie könnte der erste Schritt aussehen?

Mit welcher Begabung, Fähigkeit, Verhaltensform, Sichtweise etc. könnte ich meinen Weg zum Wohlstandsbewusstsein beschleunigen?

Was kann ich tun, um durchzuhalten und mit Disziplin und Vertrauen bei der Sache zu bleiben (Welche Rituale könnten mir z.B. dabei helfen?)

In 7 Schritten zum Wohlstandsprofi

Bitte nicht um eine leichte Bürde – bitte um einen starken Rücken.

– Franklin D. Roosevelt

1. Stiller Beobachter sein

   Nehmen Sie Ihre Situation vorerst einfach nur wahr, wie sie ist. Beobachten Sie die Umstände und halten Sie den IST-Zustand fest. Wie ist die momentane Lage? Beantworten Sie die Frage spontan und sachlich. Sehen Sie genau hin, um die Wirklichkeit hinter dem Schein zu erkennen. Versuchen Sie die Situation nicht zu „analysieren", sondern wirklich nur wahrzunehmen. Meine momentane Situation:

   ____

   ____

   ____

   ____

   ____

   ____

2. Das Ziel bestimmen

   Jetzt sollten Sie festlegen, welchen „erwünschten Endzustand" Sie erreichen möchten. Was ist Ihr Ziel? Nur wer sein Ziel klar definiert, wird es auch realisieren können. Jedes „Nahziel" bringt Sie Ihrer Lebensaufgabe näher. Wo wollen Sie hin? Was wollen Sie erreichen? Was entspricht Ihnen und was stimmt für Sie wirklich?

   ____

   ____

   ____

   ____

3. Das Verhalten überprüfen
Überprüfen Sie nun Ihre Verhaltensweisen. Ist das, was Sie tun, optimal, um das Ziel zu erreichen? Ist Ihr momentanes Sosein hilfreich für Sie?

4. Das optimale Verhalten bestimmen
Wie können Sie Ihr Verhalten verbessern oder verändern? Was können Sie tun, um Ihr Ziel siegessicher zu erreichen? Was ist der optimale Weg?

5. Einen Zeitplan festlegen
Der Zeitplan soll Ihnen dabei helfen, dass Sie Ihre Prioritäten richtig einordnen können. Bestimmen Sie die Reihenfolge: Was ist jetzt am wichtigsten und sollte als Erstes verändert werden? Halten Sie alle Ihre Schritte fest und beginnen Sie beim notwendigsten:

6. Notwendige Voraussetzungen schaffen
   Beseitigen Sie das, was Sie hemmt, und was Sie blockiert. Was können Sie loslassen? Wie können Sie Ihre Motivation und Umsetzung stärken? Wo finden Sie die richtigen Helfer? Wie können Sie Ihren Erfolg sichern. Was ist zu tun?

7. Umgehend handeln
   Das Handeln ist der letzte Schritt, der zum erwünschten Ergebnis führt. Setzen Sie Ihre Erkenntnisse jetzt durch und bleiben Sie dran. Nur festzuhalten, was zu tun wäre, reicht nicht aus. Bei etwaigen Rückschlägen ist es wichtig, diese als Chance zu erkennen und Ihre neuen Vorhaben nicht gleich über Bord zu werfen. Wer „hinfällt" kann immer wieder aufstehen, BIS er das erwünschte Ziel erreicht hat. Der Misserfolg ist also immer nur ein kleiner Umweg. Erkennen Sie in allem die Chance und ziehen Sie Ihren ganz persönlichen Gewinn daraus. Je mehr Sie sich nach innen ausrichten, umso mehr Vertrauen wird Ihnen widerfahren. Wer den Weg beharrlich geht und sich von nichts und niemanden abbringen lässt, wird schneller belohnt und somit das Ziel erreichen.

Nicht der Beginn wird belohnt, sondern einzig und allein das Durchhalten.

– Katharina von Siena

Genau so soll mein Tag sein!

Gib jedem Tag die Chance, der beste deines Lebens zu werden.

– Mark Twain

Jeder Tag ist etwas Besonderes und Sie können ihn mitgestalten. Dies ist möglich, indem Sie den vor Ihnen liegenden Tag „vom Ziel aus" vorerleben. Erleben Sie einen Tag von Wohlstand erfüllt und in wunderbarer Harmonie. Versetzen Sie sich zu Beginn des Tages in den Abend dieses Tages hinein und blicken Sie dankbar auf einen erfüllten Tag zurück. Erleben Sie in allen Einzelheiten das, was geschehen soll und erfahren Sie den Tag bildlich, gedanklich und emotional. Dieses innere Erleben soll immer „vollziehend" geschehen, als ob es bereits so geschehen ist. Es ist also kein Nachdenken über das, was sein könnte oder ein Wunschdenken. Vielmehr ist es ein sich innerliches Erfüllen mit dem Ist-Zustand – Sie spüren in sich, dass es bereits geschehen ist! Beginnen Sie den Rückblick auf den noch vor Ihnen liegenden Tag mit den Worten: „Ich bin dankbar für ..." Und nun machen Sie sich bewusst, wofür Sie diesem Tag heute Abend dankbar sein werden. Danken Sie nicht nur für bestimmte Ereignisse, Situationen, Begegnungen oder Umstände, sondern auch für Ihre Freude und Erfüllung. Erleben Sie in Freude und Dankbarkeit das, was in Ihnen bereits eingetroffen ist und nur noch in Erscheinung zu treten braucht. Diese Energie wartet nur noch darauf, aus dem feinstofflichen und unsichtbaren Bereich in den grobstofflichen und sichtbaren Bereich einzutreten.

Es vergeht kein Tag, an dem Ihnen nicht die Chance zuteilwird, einen besonderen Tag zu erleben. Jeder Tag ist einmalig und etwas ganz Besonderes. Jeder Tag sollte zelebriert und jeder Augenblick bewusst wahrgenommen werden. Auch bietet Ihnen jeder Tag die Möglichkeit, dass Sie seinen Inhalt wählen. Geben Sie jedem Ihrer Tage die Chance, etwas Besonderes zu sein und vielleicht sogar auch die entsprechenden Anweisungen, die Ihr Leben bereichern können. Aus diesem Grund ist unverzichtbar, dass Sie wirklich anwesend sind. Wer sich ständig im Denken verliert und sich nur der Gedankenwelt hingibt, der ist nicht wirklich hier. Anwesend und hier zu sein heißt, wirklich präsent zu sein und zu „stimmen". Ist dies der Fall, stimmt auch der Tag. Wenn der Tag so verläuft, dass Sie ihn am liebsten vergessen würden, liegt es nicht am Tag, sondern an Ihrem Sosein. Der Tag kann nichts anderes wiedergeben, als was Sie in ihn hineingegeben haben. Der Tag ist der Spiegel Ihrer Seele.

Mit welcher Energie denken Sie an den heutigen Tag? Wie schätzen Sie ihn ein? Wie empfinden Sie ihn? Wie begegnen Sie ihm? Offen, ängstlich oder mit Vorbehalten? Ihr Empfinden und Ihre Einstellung dazu bestimmt die Qualität der Ereignisse, die im Laufe des Tages geschehen werden. Sie sollten diese Energiequalität unbedingt überprüfen und optimieren, gezielt einsetzen und bewusst steuern, um den Tag erfüllt zu erleben. Geben Sie jedem Tag den „entsprechenden Inhalt" und erfüllen Sie ihn mit Ihrem Bewusstsein, als Bewusstsein, bevor er überhaupt stattgefunden hat. Vielleicht notieren Sie für den kommenden Tag, wie Sie Ihren Tag bestimmen. Vielleicht tun Sie es ab sofort regelmäßig und lassen es zu Ihrem morgendlichen Ritual werden. Wenn Sie es mehrmals aufgeschrieben haben, dann gehen Sie vielleicht dazu über, es mental vorzuerleben und sich geistig zu erfüllen.

Wie soll Ihr Tag aussehen? Was möchten Sie erleben?

____

____

____

____

Wie wäre dieser Tag ideal?

____

____

____

____

Mit welchem Gefühl möchten Sie am Abend an den vergangenen Tag zurückdenken?

____

____

____

____

Achten Sie darauf, dass Sie das „Vorerlebte" im Laufe des Tages nicht wieder abbestellen. „Ich bin gespannt, ob das eintreffen wird" oder „Es wäre schön, wenn es klappen würde" sind Gedanken, die eine Abbestellung bewirken. Wer zweifelt, sollte den Zweifel durch den Glauben ersetzen und sich bewusst sein, dass ein fehlender Glaube wieder nur Mangel erzeugt. Aus dem Mangel heraus wird wieder nur Mangelhaftes geschehen und das Vorerlebte verdrängt. Es wird es dem Vorerlebten unmöglich machen, in den Vordergrund zu rücken, weil der Mangel den ganzen Platz für sich einnimmt und stärker wirkt, bzw. das, was Sie schon angezogen haben, wieder abbestellt. Auch Dankbarkeit ist ein wichtiger Teil zur Erfüllung Ihrer Vorstellungen. Dankbarkeit ist etwas, was nie fehlen sollte, wenn Sie einen Tag bestimmen. Dankbar zu sein für das, was kommt und für das, was war, wie auch immer es auch aussehen wird oder verlaufen ist. **Dankbar zu sein für das, was ist, ganz gleich, wie es ist, ist wohl wirklich eine Kunst.** Dankbar kann man für vieles sein. Und für was sind Sie dankbar?

Ich bin dankbar für

___

Ich bin dankbar für

___

Ich bin dankbar für

___

Ich bin dankbar für

___

Ich bin dankbar für

___

Ich bin dankbar für

___

Ich bin dankbar für

___

Ich bin dankbar für

___

Gehen Sie voller Dankbarkeit und Freude durch diesen wunderbaren Tag, den Sie gerade geschaffen haben, und gehen Sie voll und ganz in der Gewissheit der Erfüllung auf. Auf diese Art und Weise können Sie jeden Tag bewusst erschaffen, wobei Sie sich am Ende des Tages ansehen können, was alles eingetroffen ist. Nehmen Sie Ihr Leben in die Hand und bestimmen Sie es selbst. Je überzeugter Sie davon sind und je intensiver und bewusster Sie es vorerleben, umso öfter und genauer wird Ihre „Tages-Schöpfung" mit dem Ergebnis übereinstimmen. Bleiben Sie dran und haben Sie Geduld. Hören Sie nicht gleich wieder auf, nur weil Ihr Tag nicht ganz mit Ihrem Vorerlebten entspricht. Zelebrieren Sie das Ritual so lange, bis Ihre Tages-Vision zur Ihrer Realität wird.

Das Leben folgt immer Ihren Ursachen, denn es ist Ihre Entsprechung. Schöne Gedanken und Wollen reichen als Ursache aber nicht aus. Es braucht eine absolute Übereinstimmung auf allen Ebenen. Nur was zuvor auf allen Ebenen erfüllt ist und auch gefühlt worden ist, wird sich im Leben erfüllen. Es reicht auch nicht aus, Zutaten für ein Essen auf den Einkaufszettel zu schreiben und nur die Hälfte in den Einkaufswagen zu legen. Nur wer emotional in der Überzeugung ist und das Gewünschte zur Realität macht, bevor es eingetroffen ist, wird sich seiner Schöpfung erfreuen. Und das ist Ihr „Einkaufszettel", der Punkt für Punkt erledigt werden soll. Es ist die schöpferische Imagination, die das zum Leben erweckt, was innerlich bereits zum Leben erweckt worden ist:

- Bildliche Vorstellung
- Gedankliche Ergänzung
- Emotionale Begleitung
- Gefühlsmäßig erfassen, als ob es bereits geschehen ist
- Freude fühlen
- Dankbarkeit spüren
- Daran glauben
- In der Überzeugung bleiben
- In der Gewissheit der Erfüllung verweilen

Erfüllung greifbar nahe

Sich ein Wohlstandsbewusstsein erschaffen

Nur wenige Menschen nehmen einen guten Rat an, aber jeder nimmt gerne Geld. Ist Geld also besser als ein guter Rat?

Da alles Äußere ein Spiegel des Inneren ist, ist die unsichtbare Ebene die, die Wohlstand kreiert. Es ist nicht das Leben, das Wohlstand formt. Im Leben erscheint er erst, wenn er im Inneren vorhanden ist. Mit folgender imaginären Technik können Sie nicht nur Wohlstand erzeugen, sondern auch gleich überprüfen, inwieweit Sie auf der geistigen Ebene „arbeiten" können. Wie steht es um Ihre Vorstellungsfähigkeit? Ihre Vorstellung geht der Verwirklichung voran und deshalb ist es hilfreich, seinen Geist zu schulen.

Legen Sie sich ein imaginäres Konto an:

- Zahlen Sie am ersten Tag 1.000,- Euro ein.
- Buchen Sie die Einzahlung konkret in ein Heft mit zwei Spalten, die sich in Einzahlungen und Ausgaben aufteilen.

- Erleben Sie, was Sie mit dem jeweiligen Guthaben machen und buchen Sie es als Ausgabe in die zweite Spalte.
- Zahlen Sie täglich 1.000,- Euro mehr ein, als am Tag zuvor.
- Am zweiten Tag also 2.000,- Euro am dritten Tag 3.000,- Euro etc.
- Überprüfen Sie täglich, was Sie mit dem wachsenden Guthaben machen.
- Am Jahresende haben Sie viele Millionen eingezahlt und teilweise ausgegeben. Wahrscheinlich haben Sie einiges an Guthaben übrig.
- Überlegen Sie, wie Sie dieses Geld sinnvoll anlegen können. Es auf dem Konto zu lassen, ist keine Alternative.
- Lernen Sie also täglich besser zu investieren, sodass sich Ihr Geld auch noch vermehrt.

Bevor das Jahr um ist, haben Sie ein umfassendes „Wohlstandsbewusstsein" und haben gelernt, Geld sinnvoll zu investieren. Das Ergebnis wird sein, dass Ihr wachsendes Wohlstandsbewusstsein schon im Laufe dieses einen Jahres dafür gesorgt hat, dass Sie deutlich mehr Geld einnehmen und es durch sinnvolleres Investieren ständig vermehren. Sie können so gar nicht vermeiden, immer wohlhabender zu werden.

Ich frage mich nie mehr, woher das Geld kommen soll. Das Leben hat viel mehr Fantasie als ich und findet einen Weg, wenn ich es nicht, mit negativem Glauben und schlechten Gedanken unbewusst zu verhindern weiß.

Ab sofort arbeite ich nicht mehr, um Geld zu verdienen, sondern gebe dem Geld die Gelegenheit, zu mir zu kommen. Das Geld wird noch lieber zu mir kommen, wenn ich mit Freude bei der Sache bin. Also gestatte ich dem Leben, mich fürstlich dafür zu bezahlen, dass ich das tue, was mir ohnehin am meisten Freude macht.

Ich frage mich nicht ständig, was ich tun kann, um Geld zu verdienen, sondern frage mich, welche Tätigkeit ich gut kann.

Dann kann ich die Frage umkehren und sagen: Was verdiene ich für diese Tätigkeit? Was steht mir zu? Geschieht sie aus voller Überzeugung und mit Freude, so wird der kosmische „Gehalt“ königlich sein.

Was kann ich für andere Menschen tun? Mit welchen meiner Fähigkeiten kann ich sie begeistern? Was genau könnte ihnen nützlich sein.

Die meisten Menschen suchen einen Job, womit sie gut verdienen können und sind sich nicht bewusst, dass allein die Wertigkeit ihres Tuns ihren Geldfluss bestimmt.

Da gibt es Jobangebote, wo man viel verdienen kann und wenn man genauer hinsieht, sind das oft Tätigkeiten, wo Menschen über den Tisch gezogen werden. Ihnen wird vielleicht etwas verkauft, was sie weder haben möchten, noch brauchen können. Wer so einen Job ausübt, darf sich allerdings nicht wundern, dass der Lohn ausbleibt, dass in anderen Lebensbereichen Mangel entsteht oder dass man schon bald wieder arbeitslos ist. Machen wir also immer nur etwas, was zu hundert Prozent unserem Bewusstsein entspricht und tun wir es immer vollkommen und ganz, oder gar nicht.

Wie Sie mit Ihrer Aufmerksamkeit Wünsche manifestieren

Begehrlichkeit verhindert Wunscherfüllung.

– Nagarjuna

Das wirkungsvollste Werkzeug der Manifestationen ist die Ausrichtung der Aufmerksamkeit. Dort, wo die Aufmerksamkeit ruht, wird das erzeugt, was wir Leben nennen. Wenn Sie Ihre Aufmerksamkeit nicht auf Negatives richten, werden Sie keinen Anlass haben, beunruhigt zu sein. Auch werden Sie nicht darüber nachdenken und somit keine Ursachen setzen, die ungewollte Wirkungen nach sich ziehen. Im Prinzip ist es einfach. Womit Sie sich gerade auseinandersetzen, wird zu Ihrer Realität. Jeder Mensch erschafft sich in jedem Moment genau so seine individuelle Wirklichkeit. Diese Wirklichkeit gibt es nur einmal. Jeder Mensch formt gedanklich seine eigene Realität. Das Leben spielt sich also nicht für alle auf Erden ab, sondern nur in unseren Köpfen. Die Projektion unserer Gedanken lässt dadurch das erscheinen, was wir unser Leben nennen.

Wir tragen das Leben in unseren Köpfen spazieren, weil es nur dort entstehen kann.

Auch wenn wir inmitten der Illusion ausharren, nutzt uns dieses Wissen nichts, wenn wir die Illusion nicht durchschauen. Wo auch immer unsere Aufmerksamkeit ruht, wird unser Leben erzeugt. Natürlich geht immer ein Gedanke voraus, auch wenn wir uns dessen oft nicht bewusst sind. Doch dort, wo wir unsere Aufmerksamkeit hinlenken, beginnen wir unsere Realität zu formen. Natürlich hat diese Realität nichts mit der wahren Realität zu tun, die außerhalb der Materie wohnt und Sie am Leben hält. Das, was wir Welt nennen, ist für jeden anders und jeder sieht und empfindet sie anders und doch nennen wir es unsere Welt.

Folgende Schritte helfen uns dabei, uns unserem eigentlichen Kern wieder anzunähern. *Ein bewusster Schritt ist es ...*

> ... sich wieder an seinen Ursprung und die damit verbundenen Fähigkeiten zu erinnern. Endlich wieder Schöpfer zu sein! Ich ziehe meine Aufmerksamkeit ganz bewusst von dem ab, was mich schwächt und richte sie auf das Erwünschte. Nichts außer dem, was wirklich sein soll und erreicht werden will,

steht meine vollumfängliche Aufmerksamkeit zu. Dann kann ich genau das ernten, was ich ernten will und die Frucht Schöpfungskraft wird kostbar sein, wenn sie gezielt und bewusst eingesetzt wird.

... zu verinnerlichen, dass ich unerwünschte Ereignisse nicht mehr hervorrufe und anziehe. Erst wenn ich keine unkontrollierten Ursachen mehr setze, werden auch keine unerwünschten Wirkungen mehr eintreffen. Am besten halte ich meine Aufmerksamkeit so lange auf die vorauserlebte Idealsituation gerichtet, bis diese im Außen sichtbar wird. Jede so energetisch verursachte Situation wird als Realität in Erscheinung treten.

... darauf zu achten, worauf man seine Aufmerksamkeit gerichtet hat. Ich sollte mir angewöhnen, nie länger als zwei bis drei Sekunden in etwas zu verweilen, was unstimmig ist. Zumindest spätestens, wenn ich merke, mich wieder in etwas zu verlieren, sollte ich meine Aufmerksamkeit UMGEHEND davon abziehen. Nach dem bewussten Abziehen folgt ein gezieltes Neuausrichten, das ich auch beibehalten sollte. Sobald der Verstand spazieren geht, hole ich ihn wieder zurück. Wer damit beginnt, die unkontrollierte Aufmerksamkeit regelmäßig zu zügeln, wird schnell erfolgreich sein.

... den erwünschten Endzustand zu spüren. Das innere Empfinden eines erwünschten Endzustandes aktiviert die schöpferische Urkraft und gibt ihr die gewünschte Form vor. Auf diese Weise kann jeder beliebige Umstand „herbeigefühlt" werden.

... das Wunder der „wahren Konzentration" zu nutzen und alles, was ich tue, mit meiner ganzen Aufmerksamkeit zu vollbringen. Wenn ich ständig in meinem Tun vertieft bleibe, wird alles andere von mir abfallen, ohne dass ich es bewusst loslassen muss. Nur das, was ich augenblicklich tue, sollte anwesend sein. Die wahre Konzentration hat mit dem Denken nichts zu tun. Es ist eine Vertiefung und Verschmelzung, die sich bis hin zur Einheit des ALLES IST EINS erstreckt.

... die Kunst, immer die Entscheidungen zu treffen, die für mich stimmen. Das Denken kann keine richtigen Entscheidungen treffen, das ist nur mit dem Herzen möglich. Das Herz trägt die richtige Entscheidung in sich, und wenn ich in mich horche, werde ich sie hören. Entscheidungen, die aus einer inneren Überzeugung heraus getroffen werden, ohne Erwartungen daran zu knüpfen oder berechnend zu sein, werden sich auch noch in der Zukunft als richtig erweisen.

... ein klares Ziel vor Augen zu haben. Ich treffe ganz bewusst meine Wahl und die lautet: Erfüllung. Es braucht keine Kompromisse, sondern die Wahl für das Höchste. Natürlich ist mein Leben bereits eine Wahl, auch wenn ich mir dessen nicht bewusst bin. Alles, was bisher war, ist nebensächlich. Nur der Augenblick, aus dem heraus ich bewusst Zukunft erschaffe, zählt.

... jeden Abend den Tag energetisch „umzuerleben", wie ich ihn gerne hätte. Dies geschieht in einer Tagesrückschau, wobei jeder Tag energetisch neu geboren werden kann. Jeder so umerlebte Tag hat eine entsprechend andere Wirkung auf seine Zukunft. Lebensumgestaltung ist also möglich, sofern das Ergebnis noch nicht eingetroffen ist.

... mir bewusst zu machen, dass ich in meinem Leben alles umwandeln kann. Wer die „Wirklichkeit hinter dem Schein" erkennt, will nichts mehr verändern, sondern lässt Veränderung durch sein SOSEIN geschehen, ohne dass es ihm bewusst ist. Bis dahin kann ich meine ganze Aufmerksamkeit auf eine Situation richten und sie darauf gerichtet halten. Irgendwann erkenne ich den Ursprung der Dinge als etwas ganz Natürliches. Durch dieses Durchschauen kann ich mich der Wirklichkeit annähern, die sich eines Tages ALS ICH SELBST zu erkennen gibt.

... mit dem Schlüssel der Ausrichtung der Schöpfungskraft, alle Lebensbereiche zu optimieren. Ob Gesundheit, Arbeit, Sichtweisen, Erfolg, Emotionen, Wohlstand, Besitz, Einstellungen, Beziehungen, Anerkennung, Gewohnheiten oder Charisma, alles kann so korrigiert und optimiert werden. Ich lasse mir Zeit und habe Geduld, Schritt für Schritt alle Lebensbereiche in Einklang zu bringen.

... mit diesem Werkzeug zur eigenen Lebensgestaltung ganz gezielt Fülle zu verursachen. Wenn ich dieses Werkzeug verwende, werden Probleme und Unstimmigkeiten wie Pleite, Krankheiten, Mangel und Leid nicht mehr verursacht. Die bewusste Wahl der Erfüllung verursacht immer nur ihresgleichen. Damit Unerwünschtes ausbleiben kann und erst gar nicht mehr manifestiert wird, bedarf es einer bewussten Wahl und somit Ursachensetzung.

... sich zur Gewohnheit zu machen, die „Macht der Wiederholung" zu nutzen. Durch stetiges Wiederholen wird das Ziel im Unterbewusstsein „verankert". Dies verstärkt das Ergebnis und trägt seinen wesentlichen Teil zur Verwirklichung bei. Jeder Wunsch sollte die beste Unterstützung erhalten, um sich vollumfänglich und bestmöglich verwirklichen zu können.

... zu erkennen, dass alles völlig mühelos geschieht. Alles, was schwer geht, ist unstimmig oder unnatürlich. Das, was sein soll, geschieht wahrlich von selbst. Wenn etwas schwer vonstattengeht, zeigt mir das nur, dass es anders leichter gehen würde. Freude am Tun erzeugt Mühelosigkeit und umgekehrt. Ich entscheide mich bewusst dafür, den Weg der Freude zu gehen, denn freudvolles Tun bringt Erfüllung nach sich.

... zu erkennen, dass alles, was geschieht, eine Botschaft des Lebens in sich trägt. Auch das, was ich als unangenehm sehe oder ablehne, trägt ausnahmslos eine Chance zum Besseren in sich. Auch alle meine Wünsche tragen den Samen seiner Verwirklichung in sich. Doch ein Wunsch braucht seine Erfüllung, BEVOR er eintritt, das heißt, er sollte so lange verinnerlicht und bildlich und emotional erlebt werden (also den Platz als IST-Zustand einnehmen), BIS er sich materialisiert und als Realität in Erscheinung tritt. Alles, was uns widerfährt, ist ein Geschenk, wenn man es erkennen kann.

... zu erkennen, dass ich auch den Zufall lenken kann. Denn das, was mir „zu-fällt", ist das, was ich verursache. Alles geschieht nach meiner Entsprechung. Es kann mir nichts anderes als immer nur die Wirkung zufallen, die ich zuvor verursacht habe. Das Schicksal, das Leben und der Zufall sind also natürliche Folge meiner bewussten oder unbewussten Saat.

... zu erkennen, dass alles, was ich als Problem oder Schwierigkeit bezeichne, immer nur verkleidete Chancen zum Besseren sind. In jeder Unannehmlichkeit ist die beste Lösung bereits enthalten, wenn man über die oberflächliche Sichtweise hinwegsehen kann. Wenn ich meine Aufmerksamkeit auf eine Lösung richte, wird sie auch geschehen.

... zu erkennen, wenn ich die Richtung meiner Aufmerksamkeit verändere, ändert sich mein ganzes Leben. Das Werkzeug „Zauberstab Gedankenkraft“ sollte bewusst eingesetzt werden. Die Macht der Gedanken ist so stark, dass sie Berge versetzt. Der Verstand ist nicht nur schlau. Er hat auch ein Potenzial, das durchaus sinnvoll eingesetzt werden kann. Jeder Mensch hat unendlich viele Fähigkeiten und seine schöpferischen Qualitäten nutzen ihm nicht viel, wenn er sie nicht nutzt. Wer sein Leben nicht in die Hand nimmt und es selbst steuert, der läuft Gefahr, fremdgesteuert zu werden. Menschen, Systeme, Situationen, ja nahezu alles kann einen in Bahnen lenken, in die man gar nicht geraten will. Doch niemand kann mir etwas aufzwingen, was ich nicht will. Nichts lenkt mich, außer ich lasse es zu. Also nehme ich mein Leben jetzt in die Hand und gebe ihm die notwendigen Anleitungen, welchen Weg es einschlagen soll. Ich entscheide mich für den Weg des Wohlstands, der Erfüllung und der Freude – und wenn es geht, heute noch.

Einsichten, die zur Erfüllung führen

Der Wunsch, sich zu erfüllen, ist eine Flucht vor dem,
was wir Einsamkeit nennen.

– Krishnamurti

Halten wir Folgendes fest:
Ihre Art zu denken führt zu entsprechenden Gefühlen. Diese Gefühle führen zu entsprechenden Handlungen und diese bringen die entsprechenden Ergebnisse hervor. Ihre Gedanken aber basieren auf Ihrer „Erfahrungskartei“, sodass immer wieder die gleichen Gefühle zu den gleichen Handlungen und den entsprechenden Ergebnissen führen.

Um eine Veränderung herbeizuführen, braucht es folgende Voraussetzungen:

Vorerst gilt es, das Muster zu erkennen. Dann benötigt es ...

- ... die Intelligenz, es zu verstehen.
- ... den Willen, Schwächen und Fehlprogramme einzusehen.
- ... die Bereitschaft, es verändern zu wollen.
- ... die Überzeugung eines Ziels, also zu wissen, was ich wirklich will.
- ... die klare Formulierung des Ziels.
- ... den Mut und die Offenheit, sich neue und erwünschte Verhaltensmuster anzueignen.
- ... die Beständigkeit und Ausdauer, es durch die „Macht der Wiederholung" zu verankern.
- ... die Herzensintelligenz, die irdische Sichtweise gegen die Herzenssicht einzutauschen.

Vor allem zu Geld haben die meisten Menschen eine negative Einstellung, die ihnen aber keineswegs bewusst ist. Obwohl es sich fast jeder wünscht, bestellt es jeder ständig ab. Das mag damit zusammenhängen, dass Geld ein materielles Symbol für einen geistigen Wert ist, der in alles verwandelt werden kann, was gewünscht wird. Ich muss daher zuerst innerlich reich werden, bevor dieser Reichtum im Außen „in Erscheinung" treten kann.

Reich ist nicht, wer viel Geld oder Besitz hat, sondern wirklich reich ist nur der, der alles, was er sich wünscht, verursachen kann und dies nicht durch entgegengesetzte Überzeugungen be- oder gar verhindert. Erst dieser geistige Reichtum ist wahrer Reichtum, weil er nicht verloren gehen kann. Diese Form des Reichtums behält immer seinen Wert, unabhängig von Währungen und Inflation. Natürlich kann er auch nicht gestohlen werden und man trägt ihn immer bei sich, sodass er überall zur

Verfügung steht, um JEDE beliebige Form anzunehmen, die gewünscht wird.

Um diesen wahren Reichtum zu erschaffen und ungehindert wirken zu lassen, sind zunächst einmal alle mentalen Hindernisse zu beseitigen, wie z. B. Mangelbewusstsein, Schuldgefühle, mich nicht wert fühlen, usw. Sobald Sie an sich und Ihre wahre Größe glauben und sich wert fühlen, alles zu bekommen, was Sie sich wünschen, wird Ihnen alles wie von selbst zufließen.

Auch Ihre Motivation ist sehr wichtig, denn ist der Auslöser Ihres Handelns die Angst, ziehen Sie genau das an, was Sie vermeiden wollen. Und wenn Sie für Notzeiten sparen, werden Sie damit auch Notzeiten verursachen und erleben. Sind Sie sich dessen wirklich bewusst?

Mit Gedankenenergie zum Wohlstandsbewusstsein gelangen

Darin, inwieweit die Menschen im Leben ihren eigenen Gedanken oder denen anderer folgen, besteht eins der Hauptmerkmale, durch das sie sich voneinander unterscheiden.

– Leo N. Tolstoi, Auferstehung

Hinter jedem Gedanken steht ein Gefühl. Der Gedanke erschafft die Form und das Gefühl gibt ihm die notwendige Kraft zur Verwirklichung. Deshalb ist es wichtig, Herr über seine Gedanken zu sein und sie nicht unkontrolliert herumschwirren zu lassen. Wer seine Aufmerksamkeit auf seine Gedanken richtet und sie gezielt einsetzt, setzt damit die schöpferische Urkraft in Gang. Gedanken bestimmen nicht nur unser Selbstbild, sondern auch unser Handeln. Gedanken sind „allesdurchdringend". Wir können Gedanken positiv und negativ einsetzen. Wir können damit Dinge erschaffen, heilen oder sogar zerstören. Das Denken erzeugt eine entsprechende Resonanz und macht den Denkenden für die entsprechenden Wirkungen magnetisch. Warum? Weil Gedanken ihre Entsprechung als Ereignis in Ihr Leben ziehen. Da Sie der Schöpfer Ihrer Gedanken sind, haben Sie jederzeit die Wahl, den Inhalt und die Qualität Ihrer Gedanken zu bestimmen. Sie können also denken, was auch immer Sie denken wollen. Nutzen Sie die Chance und denken Sie doch gute Gedanken, die nur noch wunderbare Wirkungen verursachen.

Wie oft haben Sie schon ganz bewusst Gedanken gesät, um Ihre Wünsche zu ernten? Noch nie? Dann ist es jetzt an der Zeit, von diesem Werkzeug Gebrauch zu machen. Wenn Sie aber lieber über das nachdenken, was Sie als Problem bezeichnen, werden Sie nur noch mehr Unstimmigkeiten in Ihr Leben ziehen. Je überzeugter Sie von einer Sache sind und je besser Sie sich diese vorstellen, desto stärker wird die Wirkung des Gedanken sein. Einem JEDEN geschieht nach seinem Glauben, dies sollten wir niemals vergessen. In dem Moment, wo Sie etwas verändern wollen, lautet der erste Gedanke wohl immer „Was kann ich tun?“

Was können Sie tun? Was sollten Sie tun? Es gilt vorerst zu erkennen, dass die Vorbereitung kein Tun im herkömmlichen Sinne ist. Alles, was zählt, ist Ihr Sosein! Was strahlen Sie aus? Wer sind Sie? Wer ist das, was etwas tun sollte? Sind Sie das wirklich? Beginnen Sie damit, all das, was Sie bisher als Realität bezeichnet haben, infrage zu stellen. Auch hier ist der Verstand wichtig, weil Sie ihn dazu brauchen. Wer die Dinge erforscht, muss seine Gedanken einsetzen, aber richtig! Begeistern Sie den Verstand für tiefere Fragen und dass er voll und ganz darin aufgeht, mit Ihnen das Leben zu erforschen. So können Sie ihn nach und nach von überflüssigen und unnötigen Gedanken wegführen. Es ist wohl das Wichtigste „zu Bewusstsein“ zu kommen, doch dazu ist das Denken unabkömmlich. Es begleitet uns auf dem Weg dorthin und da es im Leben nur um die Entdeckung der eigenen Göttlichkeit geht, ist alles andere wirklich Nebensache. Es geht darum, von der Identifikation mit dem Körper, dem Verstand und der Persönlichkeit auszutreten, um in die wahre Identität zu kommen. Das heißt als das zu leben, was ich in Wirklichkeit bin – reines Bewusstsein. Nutzen Sie die Chance der Gedanken, um Dinge zu verwirklichen und sich selbst zu entdecken. Tun Sie es nicht, werden Milliarden von Möglichkeiten ungenützt bleiben.

Das Ego ist der „Ich"-Gedanke. Das wahre „Ich" ist das Selbst.
– Ramana Maharshi

Wählen statt warten

In der Welt ist es sehr selten mit dem Entweder-Oder getan.
– Johann Wolfgang von Goethe

Alles, was in Ihrem Leben geschieht, ist das Ergebnis der Wahl, die Sie zuvor bewusst oder unbewusst getroffen haben. Es ist Ihr Sosein, Ihre innere Haltung, Ihre Sicht- und Denkweise, Ihr Empfinden, Ihre Reaktionen, Verhaltensweisen und Handlungen, die in jedem Augenblick über den Verlauf Ihres Lebens entscheiden. Die Ursachen bewusst zu verursachen ist einfach. Die unbewussten Ursachen natürlich auch, denn die setzen Sie ja andauernd, ohne es zu bemerken. Es passieren Ihnen in jedem Augenblick Ursachen, die eine Wirkung nach sich ziehen, die Sie vielleicht am liebsten verhindert hätten. Wenn etwas bereits geschehen ist, kann es nicht mehr verändert werden, deshalb sollten wir vorher mitdenken, BEVOR wir etwas verursachen. Es ist nahezu ein Kinderspiel etwas zu verursachen, was wunderbare Wirkungen zur Folge hat. Jede unüberlegte, berechnende oder negative Tat, kann nur dementsprechende Wirkungen haben. Gleiches zieht Gleiches an und wer unüberlegt, unbesonnen und ungeduldig ist, braucht sich erst gar nicht über das zu wundern, was er als Leid bezeichnet. Werden Sie zum Zukunftsdesigner und formen Sie Ihr Leben selbst. Kreieren und erschaffen Sie es, wie Sie es wollen. Wandeln Sie es um und gestalten Sie es ganz nach Ihren Wünschen. Nur wenn Sie das Leben selbst in die Hand nehmen, werden Sie sich darin auch wohlfühlen können.

Wohlstandsbewusstsein zieht Wohlstand an. Dies bedeutet, dass Harmonie und Zufriedenheit ganz natürliche Zustände sind, für die man sich nicht anstrengen muss. Wie kann man sich Harmonie wünschen, wenn man disharmonische Gedanken hat und sinnlose Taten vollbringt? Wie soll ein disharmonisches Leben ein harmonisches verursachen können? Es ist ja gerade so, als würden Sie Reis kochen und lieber Nudeln essen wollen. Leider sind wir uns über unsere Ursachen nicht bewusst und wir würden uns erschrecken, wenn wir jetzt schon das Ergebnis sehen könnten, was wir zum Beispiel heute alles unbewusst verursacht haben.

Wie Sie allerdings einen erwünschten Zustand, ein Ereignis, eine Situation, einen Umstand, oder eine Begegnung „geistig anwählen", haben Sie nicht in der Schule gelernt. Es wurde Ihnen auch nicht gesagt, dass Sie es sind, der Ihr Leben erschafft. Man hat es Ihnen nicht verheimlicht, sondern Sie wurden von Menschen unterrichtet, die selbst im Dunkeln tappen. Wie also können Sie Ihren Wohlstand „in Erscheinung rufen"? Vorerst sollten Sie wissen, dass es wirklich nur eine Entscheidung ist, nämlich die Ihre. Es ist nicht mehr und nicht weniger als eine ganz bewusste Wahl, die Sie jederzeit treffen können. Und es ist so einfach. Formen Sie folgende Glaubenssätze zu Erkenntnissen. Nur wer Wissen umsetzt und selbst erlebt, dem wird es hilfreich sein:

- Treffen Sie die Wahl, Ihr Leben neu zu erschaffen:

Sie haben jederzeit die Wahl, Ihr Leben vollkommen neu zu erschaffen.
Vorerst gilt es zu wissen, dass Sie überhaupt eine Wahl haben. Die meisten Menschen wissen das nicht und warum sollten sie dann eine Wahl treffen? Wer es nicht weiß, wählt nicht und wer nicht wählt, wird keine Ergebnisse erzielen. Ihre individuelle Realität nimmt immer die Form an, die Sie ihr geben.

- Treffen Sie die Wahl, Schöpfer zu sein:

Sie sind der Schöpfer, dem alles möglich ist.
Vielleicht hat man es Ihnen schon gesagt oder Sie wissen es auch, doch was nützt Ihnen das Wissen um Ihr Schöpfertum, wenn Sie weiterhin am Irrtum festhalten, Mensch zu sein? Erforschen Sie sich und entdecken Sie Ihre ureigene Identität. Natürlich haben Sie einen Körper, aber der hat mit Ihrem wahren Wesen nichts zu tun. Der Körper ist Ihr Werkzeug, nicht Ihr wahres Wesen. Da nichts außer ewigem Bewusstsein existiert, können auch Sie nichts anderes sein. Man könnte sagen, alles andere, was auf der Welt so beheimatet ist, auch. Das mag für die Sinne stimmen. Doch das alles sind nur vorübergehende Erscheinungen und dies gilt es zu erforschen. Dieses Urwissen schlummert in jedem von uns.

Eines Tages rückt dieses versteckte und vergessene Wissen an die Oberfläche und wird Ihnen ganz klar. Dann sind Sie überzeugt davon und beginnen damit, sich neu zu orientieren, auch wenn der Verstand dem nicht folgen kann. Das Wissen braucht die Erfahrung und diese geschieht auf einer unsichtbaren Ebene. Sie kann nicht erklärt und beschrieben werden. Jede Bemühung, es zu versuchen, scheitert. Ich kann Ihnen hier also nur etwas weitergeben, was Sie selbst entdecken müssen. Eine Entdeckung kann erst durch Erleben erfahren werden. Gedanken haben damit nichts zu tun und verstanden werden kann es auch nicht. Die Herausforderung ist es, über die Sinne hinauszugehen und sich auf das scheinbar Unbekannte einlassen, das wir eigentlich sind. Auch wenn es uns bekannt sein müsste, weil wir uns ja nur selbst entdecken können, scheint es uns fremd. Man wird dazu „gezwungen" Vertrauen zu entwickeln und seinen Weg beharrlich zu gehen. Das ist Teil des Weges und nur der Ausdauernde wird belohnt.

- Treffen Sie die Wahl für eine richtige Entscheidung:

Ihre Entscheidung können nur Sie treffen.
Am besten gleich die passende.

Treffen Sie jetzt die Entscheidung Ihre Wünsche nicht mehr zu wollen, sondern den Wunsch in eine Absicht umzuwandeln. Wer will, kann lange wollen und lange warten, bis etwas passiert. Wer aber die feste Absicht und Überzeugung hat, dass es nicht nur so sein wird, sondern gar nicht anders kann als einzutreffen, ist auf dem richtige Weg. Warum? Eine Absicht schließt die Möglichkeit der Nichterfüllung aus und die „Gewissheit der Erfüllung" ist eine Energie, die sich für das Erwünschte geradezu magnetisch macht. Etwas zu wollen oder sich nach etwas zu sehnen, zeugt für einen Mangel und zeigt auf: Mir fehlt etwas. Aus diesem Mangel erzeugen Sie wieder Mangel, weil Mangel Mangel anziehen wird.

Sie können sich eine Weltreise wünschen oder morgen an Bord eines Schiffes anheuern. Mit der Überzeugung, dass Sie das tun werden, wird es Ihnen völlig mühelos gelingen. Wenn Sie davon ausgehen, dass es nur klappen kann und sich mit der Gewissheit der Erfüllung erfüllen, wird es so sein. Eine wirkungsvolle Überzeugung wird stets vom dazugehörigen Gefühl begleitet und trägt auch die Energie der Dankbarkeit in sich, dass es bereits geschehen ist, BEVOR es sich manifestiert. Eine Überzeugung des Egos hingegen ist oberflächlich und wird nichts ausrichten können. Das Gefühl sollte ja nicht oberflächlich und überheblich sein, sondern stark, echt und intensiv.

- Treffen Sie die Wahl, dem Leben Anweisungen zu geben:

Das Leben wartet auf Ihre Anweisungen.
Schaffen Sie sich die Gewissheit! Was wollen Sie erreichen? Was sind Ihre Ziele? Was sind Ihre Wünsche und was wollen Sie nicht? Wenn Sie sich gar nicht sicher sind, was Sie haben und nicht haben wollen, wie soll es das Leben wissen? Das Leben kann Ihnen nur entsprechen und Ihrem Sosein folgen. Auch Ihr Sosein ist eine Anweisung, die unbewusst vorhanden ist und ständig Signale aussendet. Wenn Sie jetzt wissen, WAS Sie wollen und WER es will, sollten Sie auch daran glauben, dass es geschehen kann. Jeder Zweifel verhindert die Erfüllung. Nur wer von seinem Schöpfertum überzeugt ist, wird auch ein wohlstandsversprühender Schöpfer sein. Der unbewusste Schöpfer hingegen zieht Dinge in sein Leben, die unangenehm sind. Je ungemütlicher es wird, umso größer ist die Chance, dass sich der Mensch wieder auf das Wesentliche besinnt. Sie können nur Schöpfer sein, doch an den Ergebnissen sieht man, ob Sie sich dessen auch bewusst sind.

- Treffen Sie die Wahl, Ihr Potenzial zu nutzen:

Nutzen Sie das Werkzeug der schöpferischen Imagination.
Schöpferische Imagination, der Schlüssel zum Wohlstand und zu einem erfüllten Dasein. Die Aufmerksamkeit sollte stets vom Mangel abgezogen und auf den erwünschten Endzustand gerichtet werden. Wie funktioniert das genau? Stellen Sie sich Ihren erwünschten Endzustand vor und erleben Sie ihn als momentane Erfüllung. Wenn Sie sich z.B. ein kleines Geschäft wünschen, stellen Sie es sich in allen Details vor. Wo ist der Standort, wie ist das Sortiment, welche Kunden betreten das Geschäft, wie und was sprechen Sie mit ihnen, wie fühlen Sie sich dabei, etc. ? Lächeln Sie ihnen zu und erleben Sie sich zu hundert Prozent in dieser Situation. Sie werden merken, dass das dazugehörige Wohlgefühl erst gar nicht lange

auf sich warten lässt. Wenn Sie sich einen Partner wünschen, stellen Sie sich vor, wie er aussieht, was er zu Ihnen sagt, was Sie mit ihm unternehmen, wie Sie sich geborgen fühlen etc. Es ist ein Traum, den Sie realisieren, indem Sie ihn innerlich und geistig, mit allen Fasern Ihres Daseins, in Besitz nehmen. Versuchen Sie aber nicht nur das zu erleben, was Sie wollen, sondern seien Sie der freundliche und zuvorkommende Geschäftsmann oder der fürsorgliche Partner. Erleben Sie das, was Sie in eine Beziehung oder in ein Geschäft einbringen können, was dem Allgemeinwohl dient etc. Das Leben belohnt Sie nicht für einen Willen, sondern für Ihr Geben, für Ihre Freundlichkeit und Umgänglichkeit. Was können Sie in das Leben einbringen? Diese Frage ist wohl wichtiger als die um Ihre Wünsche.

Wenn Sie etwas durch diese schöpferische Imagination, die Vorstellung, geistig „in Besitz" genommen haben, machen Sie es sich automatisch „zu eigen". Schon bald wird es auch im Außen in Erscheinung treten. Wenn Sie sich dann auch noch mit Freude und Dankbarkeit erfüllen, ist das die „Auftragsbestätigung des Lebens", dass Ihr Auftrag angenommen wurde. Er ist in Arbeit und wird in Kürze geliefert. Bleiben Sie in der „Energie der Erfüllung", bis das Erwünschte als erlebte Realität „in Erscheinung tritt". Mit der schöpferischen Imagination machen Sie sich für Ihre „Auswahl" magnetisch und eigentlich ist es das „Er-leben" eines Zustandes, der bereits eingetroffen ist. Es ist eine „Vorstellung", die innerlich vorerlebt wird und somit zum geistigen Jetzt-Zustand wird. Sie sind sich gewiss, dass es bereits geschehen ist. Es schließt das reine Wunschdenken und Hoffen aus. Zweifeln und Befürchtungen sind hier auch unerwünscht, denn diese entstehen im Mangel.

- Treffen Sie die Wahl, authentisch zu sein:

Ihre Gedanken, Gefühle, Überzeugungen und Handlungen stimmen mit der Lebensabsicht überein.

Jeder Mensch hat eine Aufgabe und die gilt es zu erkennen, alles andere ist relativ unwichtig. Wie Sie Dinge tun und was Sie tun, sollte Sie nicht kümmern. Wichtig ist, dass Sie das für Sie Stimmige tun. Wer im Wohlstandsbewusstsein lebt, handelt immer richtig, weil er direkt und spontan handelt und sein Herz entscheiden lässt. Ihr Gesamtbild, Ihr Selbstbild, Ihre Gefühle, Ihre Ausstrahlung, Ihre Gedanken, Ihre Worte und Taten sollten immer übereinstimmen, damit das Optimalste eintreten kann. Ist Ihre Ausstrahlung, Ihre energetische Signatur stimmig, werden es auch die Umstände und das Leben selbst sein. Das Universum geht natürlich davon aus, dass Sie sich das wünschen, womit Sie sich den ganzen Tag über beschäftigen. Wenn Sie den ganzen Tag über Ihre Pleite nachdenken, wird Ihnen diese auch weiterhin zu schaffen machen. Wenn Sie etwas nicht wollen, warum setzen Sie sich den ganzen Tag damit auseinander?

Das ist keine dumme Frage. Diese Frage würde Ihnen das Universum wahrscheinlich stellen, wenn es eine Frage an Sie richten würde. Sie wollen einen Partner und schwelgen im Selbstmitleid Ihrer Einsamkeit. Sie möchten einen Job und sorgen sich die ganze Zeit über um Ihre Arbeitslosigkeit. Wann beginnen Sie sich mit dem auseinanderzusetzen, was Sie wirklich wollen, anstatt den ganzen Tag mit dem zu vergeuden, was Sie loswerden wollen? Natürlich hat der Mensch auch Kummer. Deshalb muss er ihm aber nicht sechzehn Stunden am Tag Raum geben. Wenn Sorgen hochkommen, verabschieden Sie diese SOFORT und leben Sie in der schöpferischen Imagination oder denken Sie an etwas, was Ihnen guttut. Unlängst sprach eine Frau von ihrem ehemaligen Partner und nach einer Stunde sagte sie: „Er kann mich nicht loslassen." „Ja entschuldigen Sie, wer hat nun eine Stunde von ihm geredet? Wie soll er Sie loslassen, wenn Sie ihn stundenlang in Ihrem Kopf, im Gespräch und in Erinnerungen einbinden? Wann geben Sie ihn frei?" Ihre Aufmerksamkeit sollte nicht auf Unerwünschtes gerichtet sein. Ihre Ausrichtung bestimmt Ihr Leben.

Wie soll Ihr Leben freudig sein, wenn Sie Angst haben? Wie soll Ihnen das Leben einen erfüllenden Job geben, wenn Sie Zweifel daran haben? Wie sollen Sie gesund sein, wen Sie Angst vor Krankheit haben? Geben Sie also gut auf Ihre Gefühle, Handlungen und Gedanken acht, denn sie formen auch in diesem unbeachteten Augenblick Ihr Leben. Überprüfen Sie, ob Ihr Denken, Fühlen und Handeln mit Ihren Vorstellungen übereinstimmt und wenn nicht, ändern Sie es.

- Treffen Sie die Wahl, der Welt ein Segen zu sein:

Segnen Sie jeden Augenblick und alles, was ist.
Das Leben kann sich nur segensreich wandeln, wenn Sie es aus ganzem Herzen segnen. Kaum ist es geschehen, beginnt sich Ihre ganze Situation augenblicklich zu harmonisieren. Dann steht Ihnen das Leben segensreich zum Wohle und daraus ergibt sich der Wohlstand. Gesegnet werden kann alles. Nicht nur Objekte, Lebewesen und Situationen, auch Gefühle, die Nahrung, das Geld, das Sie ausgeben, wartet nur darauf, gesegnet zu werden. Wenn Sie noch einen Schritt weitergehen, erleben Sie sich in der segensreichen Veränderung, BEVOR sie eingetroffen ist. Es ist die feinstoffliche Ebene, die manifestiert, und gesegnet wird sich die Manifestation noch einfacher ergeben. Erleben Sie sich jederzeit in segensreichen Momenten, denn nur ein gesegneter Augenblick wird segensreiche Wirkungen nach sich ziehen. Erkennen Sie sich als den Segen selbst. Sie sind das Bewusstsein, das reiner Segen ist.

Wie Sie Lebensweisheiten zu Realität formen

Das Glück muss entlang der Straße gefunden werden
und nicht am Ende des Weges.

– David Dunn

Das Leben folgt den universellen Gesetzmäßigkeiten. Wer diese Gesetze befolgt, wird vom Leben mehr bekommen, als er sich jemals erträumen kann. Auch Wohlstand ist ein natürliches Gesetz. Die Menschen haben es aufgrund ihrer Unwissenheit geschafft, Mangel zu erzeugen. Obwohl sie das höchste Selbst sind und all die Fülle in sich tragen, können sie es nicht erkennen. Wie soll der Mensch es erkennen, wenn er nicht einmal um seine Identität weiß? Er glaubt, Mensch zu sein, ist aber etwas viel Größeres. Erst wenn er das in sich entdeckt, kann das Leid enden. Das Grundprinzip der Schöpfung ist Fülle. Alles ist im Überfluss vorhanden. Fülle kann sich nur vollumfassend manifestieren, wenn Sie sich als diese eine Fülle wiederentdecken. Sie liegt in Ihnen, wie alle Antworten auch. Trachten Sie nach der Vollkommenheit, anstatt ständig der Unvollkommenheit nachzujagen. Auf was warten Sie noch?

Wer nicht weiß, was er will, kann es auch vom Leben nicht verlangen.
Definieren Sie Ihre Ziele exakt und schriftlich.

Mangel und Knappheit entstehen im Kopf.
Gehen Sie mit den Gedanken achtsamer um.

Wer sich nicht fortbildet, bleibt stehen.
Bilden Sie sich ständig fort und steigern Sie so Ihren Marktwert.

Alles, was geschieht, ist ein Geschenk, man muss es nur etwas genauer betrachten.

Erkennen Sie in jedem Problem die Chance, die sich darin versteckt.

Was heute getan werden kann, sollte nicht auf morgen verschoben werden.
Erledigen Sie alles so schnell und so gut wie möglich.

Der freudvolle Weg ist der einzig richtige.
Gehen Sie den Weg der Freude.

Wer nicht wagt, der nicht gewinnt.
Wagen Sie das zu leben, worauf Sie Ihr Gefühl hinweist.

Man fällt im Leben nicht hin, um liegen zu bleiben, sondern um aufzustehen.
Geben Sie nie auf.

Ausdauer siegt immer!
Haben Sie Geduld.

Nur wer alles zu seinem Besten gibt, kann das Beste erwarten.
Geben Sie immer mehr, als von Ihnen verlangt wird.

Alles ist ein Gewinn, auch eine scheinbar negative Erfahrung.
Gewinnen Sie in jedem Fall.

Jeder Wunsch verbirgt einen Mangel in sich.
Lassen Sie Ihr Mangelbewusstsein los und legen Sie sich ein Wohlstandsbewusstsein zu.

Wer Erfüllung in seiner Fantasie erlebt, formt sie zur Realität.
Geben Sie Ihrem Leben eine Form. Und zwar die erwünschte!

Es gibt nichts, was nicht möglich ist.
Geht nicht, gibt's nicht.

Wer seine Fähigkeiten rechtzeitig richtig nutzt, kann davon später profitieren.
Legen Sie sich einkommenssteigernde Gewohnheiten zu.

Alles ist Energie, auch Geld. Es ist weder gut noch schlecht, sondern Mittel zum Zweck.
Optimieren Sie Ihre Einstellung zu Geld.

Wer seinen Beruf zur Berufung macht, fühlt sich in seinem Tun jeden Tag frei.
Lieben Sie Ihre jetzige Tätigkeit oder tun Sie das, was Sie lieben.

Sehen Sie das Leben nicht positiv, sondern so, wie es ist, denn es ist immer perfekt.
Schaffen Sie sich bereichernde Überzeugungen.

Aus dem höchsten Selbst erfolgt der Himmel auf Erden.
Schaffen Sie sich eine „Erfolgs-Persönlichkeit".

Vertrauen Sie niemandem außer Ihrem Selbst.
Vertrauen Sie Ihrer Intuition.

Nur wer im Selbst verweilt, ist vollkommen anwesend.
Seien Sie achtsam und präsent.

Der individuelle Geist kann alles schaffen.
Machen Sie etwas Einmaliges!

Im richtigen Augenblick am richtigen Ort zu sein, ist innerlich geführt.
Seien Sie da, wenn man Sie braucht.

Wer in allen Situationen gleich bleibt, der hat das Leben durchschaut. Üben Sie sich in Gelassenheit.

Der 3-Säulen-Überblick: So werden Sie zum Wohlstandsmagneten

Stille kommt nur, wenn der Inhalt des Bewusstseins vollkommen verstanden und hinten gelassen wurde, und das heißt, dass der Beobachter und das Beobachtete eins sind, und niemand da ist, der kontrolliert.

– Krishnamurti

Sie können sich für den Wohlstand resonanzfähig machen und ihn in Ihr Leben ziehen. Jeder Mensch verfügt über eine individuelle Schwingung, die man auch Ausstrahlung nennen könnte. Die feinstoffliche Frequenz formt grobstoffliche Struktur, das heißt, Schwingung wird sichtbar. Je nachdem, wie die „energetische Signatur" strahlt, so formt sich auch das Umfeld, das Leben und jeweilige Situationen. Sie strahlen mit Ihrer Frequenz, die wie eine energetische Signatur zu verstehen ist, ständig Signale aus. Diese Informationen formen das, was Sie als Realität bezeichnen. Das Leben nimmt keine Rücksicht darauf, ob Sie unbeabsichtigt etwas aussenden oder Ihre Ausstrahlung ganz bewusst steuern. Schwingung wirkt also immer und dessen Wirkung folgt natürlich nicht nur bei unbewusster Ursachensetzung, sondern kann ganz gezielt angewandt werden. Was Sie ausstrahlen, das ziehen Sie auch an.

Sie sollten Herr über Ihre Ausstrahlung, Ihr Sosein, Ihre Gedanken, Gefühle und Daten werden, um das zu formen, was man als angenehme Lebensumstände bezeichnen würde. Wenn Sie Ihre Ausstrahlung bewusst anheben, wirkt sich das unverzüglich auf Ihre Lebensumstände aus. Nehmen wir an, Sie stellen eine Pflanze in einen dunklen Raum. In diesem Raum ist kein Fenster, sodass die Pflanze in keine Richtung wachsen wird. Wenn nirgends Licht ist, wird die Blume auch nicht ihre Knospe in Richtung Helligkeit ausrichten können. Jetzt besorgen Sie sich eine Lampe mit Sonnenlicht und siehe da, die Blume beginnt sich nach dem Licht auszurichten und wird genau in diese Richtung wachsen. Genauso können Sie das auch in Ihr Leben ummünzen. Sie können eine Richtung vorgeben und sich für das, was Sie wollen, resonanzfähig machen. Wenn Sie Ihre Ausstrahlung bewusst steuern, wird sich auch die Wirkung verändern. Ihre energetische Signatur ist Ihr Wohlstandsmagnet, wenn Sie aus sich heraus Wohlwollen und Offenheit versprühen. Wachsen Sie aus Ihrem unbewussten Dasein in ein ganz neues Wohlstandsbewusstsein hinaus, das Sie nicht erst erschaffen, sondern nur wiederzuentdecken brauchen.

Das, was Sie Zukunft nennen, ist das, was durch Ihre energetische Signatur hervorgerufen und angezogen wird. Auch wenn Sie sich dessen nicht bewusst sind, sind Sie ein permanenter Sender und alles, was Ihnen in Ihrem Leben widerfährt, entspricht Ihrer Ausstrahlung. Jeder Mensch verursacht durch seine energetische Signatur die entsprechenden Ereignisse und das ausnahmslos. Nach dem Gesetz der Resonanz ziehen Sie nur das in Ihr Leben, was dieser ganz individuellen energetischen Signatur entspricht.

Gleichzeitig halten Sie alles zuverlässig fern, was ihr nicht entspricht, auch wenn Sie es sich noch so sehr wünschen oder sogar dringend brauchen. Aus diesem Grund werden gezielt gesetzte Ursachen unverwirklicht bleiben, weil die energetische Signatur die stärkere Ursache ist. Sie ist wesentlich stärker als alle Ursachen, die Sie setzen, um etwas erreichen zu können. Die energetische Signatur kann also viele Wirkungen verhindern und solange Sie Ihre Signatur nicht gezielt erhöhen und harmonisieren, wird Sie Ihnen weiterhin im Wege stehen. Damit Ihnen Ihre spezifische Ausstrahlung bei der Verwirklichung Ihrer Lebensziele nicht im Weg steht, können Sie folgende Schritte anwenden und für sich nutzen:

Der erste Schritt:
Machen Sie sich bewusst, dass Ihre Ausstrahlung Ihr Leben formt.
Werden Sie sich Ihrer energetischen Signatur bewusst und erkennen Sie, dass Sie ein permanenter Sender sind. Auch wenn Ihnen das gar nicht bewusst ist, Sie setzen ständig Ursachen, die Ereignisse steuern, Situationen formen und in Ihrem Umfeld Reaktionen hervorrufen.

Der nächste Schritt:
Erhöhen Sie Ihre Frequenz – Verbessern Sie Ihre Ausstrahlung.
Überprüfen Sie Ihre energetische Signatur und optimieren Sie sie, damit Sie nur noch Wirkungen erfahren, die Sie gerne erleben möchten.

Der nächste Schritt ist:
Leben Sie Sympathie. Es ist der Dauerauftrag für ein erfülltes Dasein und ein Leben im Wohlstand.
Erinnern Sie sich an Ihre eigentliche Identität und seien Sie ganz bewusst sympathisch. Stehen Sie dem Leben wohlwollend gegenüber, damit sich der „Dauerauftrag an Ihr Leben" entscheidend verändern kann. Ihre Sympathie ist der Dauerauftrag an das Leben, auch Ihnen harmonisch gegenüberzustehen und zu begegnen.

Der nächste Schritt ist:
Optimieren Sie Ihr eigenes Selbstbild.
Überprüfen Sie Ihr eigenes Selbstbild, um es anschließend optimieren zu können. Erfinden Sie sich ständig neu und erleben Sie sich in Ihrer wahren Identität. Dies ist keine Aufgabe, die Sie einmal tun, sondern ständig praktizieren sollten. Hier ist Ausdauer gefragt, denn das Selbstbild wandelt sich ständig. Es ist ein lebenslanger Prozess, der bewusst erlebt und praktiziert werden soll.

Der nächste Schritt ist:
Nutzen Sie Ihren perfekten ersten Eindruck für sich.
Die ersten sieben Sekunden entscheiden, welchen Eindruck Sie auf jemanden machen. Das Bild, das sich Ihr Gegenüber von Ihnen macht, wirkt jahrelang, oft ewig. Deshalb sollten Sie jeder Begegnung bewusst gegenübertreten und Ihre Ausstrahlung optimieren, bevor das Aufeinandertreffen stattfindet. Hoffen Sie nicht einfach, dass es schon irgendwie passen oder gut gehen wird, sondern nutzen Sie die Macht des ersten Eindrucks ganz gezielt. Es kann Ihnen Türen öffnen, die für Sie ansonsten immer verschlossen bleiben würden.

Der nächste Schritt ist:
Stärken Sie Ihr Charisma.
Praktizieren Sie „Charisma-Training". Dabei nehmen Sie ganz bewusst einzelne erwünschte Energien in Ihre „energetische Signatur", wie z.B. Ruhe, Souveränität, Sicherheit, Gelassenheit, Wohlwollen, Klarheit etc. in sich auf. Erfüllen Sie sich mit dieser Energie und schauen Sie hin, wo etwas fehlt oder verbessert werden kann. Auf diese Art und Weise optimieren Sie Ihre Ausstrahlung, die für den Wohlstand verantwortlich ist. Je harmonischer Ihre Ausstrahlung ist, umso harmonischer wird Ihr Leben sein.

Der nächste Schritt ist:
Nutzen Sie das Wunder der Konzentration.
Lassen Sie sich auf das, was Sie tun, voll und ganz ein. Tun Sie das, was Sie tun, vollständig und vollkommen. Gehen Sie mit Achtsamkeit durch das Leben und wenn Sie etwas tun, versuchen Sie auch gedanklich nicht woanders zu sein. Ganz hier zu sein bedeutet auch, das Nachdenken sein zu lassen. Was nutzt Ihnen ein Mitarbeiter, der gedanklich schon im Wochenende ist oder ein Partner, der während des Gesprächs an seine Hobbys denkt?

Konzentrieren Sie sich emotional auf eine Sache, ohne Anstrengung und ohne abzuschweifen.

Der nächste Schritt:
Leben Sie als Gewinner.
Leben Sie so, als ob Sie bereits alles erreicht haben und alles sind. Erleben Sie sich als Gewinner und tun Sie mit voller Überzeugung so, als ob Sie bereits am Ziel sind. Damit erwecken Sie das, was Sie innerlich bereits leben, aber im Außen noch nicht erfolgt ist, zum Leben. Dann wird es zu Ihrer Realität. „Erst gewinnen, dann beginnen." – ist der Leitsatz für ein Leben im Wohlstandsbewusstsein. Sie sollten bereits am Start gewonnen haben und damit verursachen Sie Wohlstand und Glück.

Der nächste Schritt ist:
Finden Sie heraus, wer Sie in Wirklichkeit sind.
Leben Sie ganz bewusst. Leben Sie gesund und „Alter-los", indem Sie erkennen, wer Sie wirklich sind. Stellen Sie sich folgende Frage: WER BIN ICH? Versuchen Sie keine Antwort zu finden, sondern sie aus sich heraus zu fühlen. Es wird sich nach und nach zeigen. Erfüllen Sie sich mit Bewusstsein und erleben Sie, dass Sie nichts außer Bewusstsein sein können. Entdecken Sie Bewusstsein als einzig wahre Realität.

Der nächste Schritt ist:
Leben Sie segensreich.
Seien Sie ein Segen für die Welt. Segnen Sie das Leben und leben Sie vollkommen segensreich. Segnen Sie alles und nicht nur die Dinge, die uns gefallen und an denen wir uns erfreuen. Die wahre Kunst des Segnens ist alles zu segnen, ohne dabei Rücksicht auf seine Empfindungen zu nehmen.

Der nächste Schritt ist:
Nutzen Sie die Kraft Ihrer Gedanken.
Ihr „Zauberstab Gedankenkraft“ braucht nicht weiterhin unbenutzt zu bleiben. Nutzen Sie die Macht Ihrer Gedanken, um Ihr Leben und das Ihres Umfeldes zu verbessern, zu harmonisieren und zu bereichern. Jeder Gedanke ist wirklichkeitsschaffende Energie. Kein Gedanke geht verloren und alles kommt zurück. Setzen Sie deswegen Ihre Gedanken gezielt ein und verzichten Sie darauf, sinnlos in der Gegend herumzudenken. Führen Sie Ihr Denken und lassen Sie nicht Ihr Leben von Gedanken führen, die nur Disharmonien erzeugen. Nur wer seine Gedanken steuert, kontrolliert und sinnvoll nutzt, entzieht sich unerwünschten Wirkungen.

Der nächste Schritt ist:
Leben Sie im Chancenbewusstsein.
Wenn Sie im Chancenbewusstsein leben, bedeutet das, dass Sie in allem die Chance zum Besseren erkennen können. Es gibt kein Problem und keine Schwierigkeit, die nicht eine Chance, bzw. Botschaft in sich tragen. Jede Unstimmigkeit ist in Wirklichkeit eine verkleidete Chance und das gilt es zu erkennen. Sehen Sie sich das scheinbare Problem etwas genauer an und haben Sie den Mut, darin die Chance zu entdecken. Mögliche Veränderungen geschehen nicht von selbst, erst wenn Sie sie erkannt haben, werden wir sie in unser Leben einladen.

Der nächste Schritt ist:
Folgen Sie Ihrer Intuition.
Nutzen Sie die natürliche Fähigkeit der Intuition. Erkennen Sie, was zu tun ist, wie es getan werden soll und wann der richtige Zeitpunkt gekommen ist. Entdecken Sie mögliche Schwierigkeiten schon, bevor sie auftauchen und fühlen Sie, wie Sie Barrieren auflösen bzw. vermeiden können. Öffnen Sie sich für die Wahrnehmung,

das was geschieht oder sein soll, in Voraussicht zu erfassen. Alles steht bereits am Anfang fest. Dies zu erkennen ist die Kunst der intuitiven Wahrnehmung, die jeder in sich hat.

Der nächste Schritt:
Erkennen Sie die Leichtigkeit des Spiels des Lebens.
Wenn Sie das Leben als Spiel ansehen, können Sie gar nicht verlieren. Alle Menschen spielen mit und jeder kommt irgendwann an. Im Spiel des Lebens geht es nicht darum, schnell ans Ziel zu gelangen und der einzige Gewinner zu sein, sondern den Weg als Ziel zu erkennen. Es geht darum mitzuspielen und das Leben geschickt zu führen. Das scheinbare Ziel ist nebensächlich, wenn wir jeden Spielzug bewusst und achtsam gestalten.

Es geht nicht darum, im Wohlstandsbewusstsein anzukommen, nachdem wir das Spiel gespielt haben, sondern es im Wohlstandsbewusstsein zu erfahren.

Wenn Sie das so sehen und erleben können, wird Ihnen alles spielerisch gelingen. Es ist ja egal, was passiert und ob etwas klappt, wenn Sie bei sich angekommen sind, gibt es nichts mehr zu tun. Und dann darf das Leben endlich so sein, wie es in dem Moment ist.

Der wichtigste Schritt:
Hören Sie nicht damit auf, nach Ihrer Identität Ausschau zu halten.
Die einzige Aufgabe im Leben ist es, die wahre Identität zu erkennen und sich als Bewusstsein zu erfahren. Erleben Sie sich als dieses ICH BIN und erkennen Sie immer mehr, dass Ihr Körper nicht Ihre Identität sein kann. Es ist das Zuhause Ihres wahren Wesens, nicht mehr und nicht weniger. Mit dieser Bewusstseinshaltung, die mehr und mehr zu Ihrer Wirklichkeit und zum Lebensinhalt werden wird, versuchen Sie Ereignisse nicht mehr

bewusst hervorzurufen, sondern lassen sie einfach geschehen. Das persönliche Ich will etwas und zieht aus dieser Unstimmigkeit heraus Chaos an. Das höchste ICH hingegen, was das Selbst ist, empfängt seine vollkommene Entsprechung. Die Entsprechung des persönlichen Ich ist unvollkommen und kann daher nie zur Vollkommenheit führen.

Ausklang

Wenn Sie tief in die Materie des Buches eintauchen, es leben und immer wieder in Ihren Alltag integrieren, werden Sie sich Ihrem Wohlstand Schritt für Schritt annähern. Sie werden sich ihn selbst erschaffen, so wie Sie zum Beispiel ein Bild malen. Lassen Sie die Text-Wiederholungen auf sich wirken und achten Sie darauf, dass Ihr Ego nicht in die „das weiß ich schon"-Falle tappt. Es mag sein, dass Sie einiges schon wissen und vieles schon mehrfach gehört haben. Dies ist ein Hinweis, dass Sie es zwar irgendwie wahrgenommen, aber nicht wirklich in sich aufgenommen haben.

Nur wer mit dem Herzen liest und das Gelesene unverzüglich zur Erfahrung macht, dem werden Wiederholungen nicht mehr begegnen.

Denken Sie daran, dass alles, was Ihnen widerfährt, ein Hinweis des Lebens ist. Darin können Sie sich selbst entdecken und in allem, was geschieht, soll die Botschaft freigelegt werden. Auch im Leben klagt man oft, dass einem immer wieder dasselbe passiert. Man hat das Gefühl, in einer Warteschlange festzuhängen, die immer zum selben Ergebnis führt und auch immer wieder dieselben Themen zum Vorschein bringt. Wir wiederholen die erste Schulklasse der Erde so lange, bis wir dazugelernt haben. Was gibt es zu lernen?

Das Einzige, was wir entdecken können, ist das, was wir wirklich sind. Das Wohlstandsbewusstsein ist unser Fundament und das scheint von Erfahrungen, Programmen, Gewohnheiten etc. so stark überlagert oder sogar verschüttet zu sein, dass es nicht als eigene Identität wahrgenommen werden kann. Wir müssen nichts tun, um unser Leben zu verändern oder zu verbessern, wir sollten nur endlich erkennen, was unser wahres Wesen ist.

Wohlstand bedeutet für mich, dass alle Menschen im Einklang mit sich selbst, der Natur und ihrem Umfeld leben. Bei demjenigen, der aus dem Wohlstandsbewusstsein heraus lebt und handelt, werden ich-bezogene und zerstörerische Verhaltensweisen einfach abfallen.

**Wünschen Sie sich nicht anders oder besser zu sein,
sondern erkennen Sie, dass Sie bereits mehr als das sind,
was Sie sich in Ihren schönsten Träumen ersehnen.**

Viele Inspirationen und Freude auf Ihrem Weg zum Wohlstandsprofi.

Wenn Sie dieses Programm inspiriert hat und Sie noch mehr über den Weg zu Ihrem ganz persönlichen Wohlstand erfahren möchten, dann können Sie dies mit einem Selbststudienlehrgang oder in einem Intensivkurs zum/r zertifizierten Wohlstandsberater/in vertiefen.

Oder wollen Sie Wohlstandskompetenz erwerben und es als zertifizierte/r Wohlstandstrainer/in auch beruflich nutzen? Auch dann sind wir für Sie der richtige Ansprechpartner, um Ihnen den Weg vom Beruf zur „Be-rufung" zu manifestieren.

Kostenlose und unverbindliche Auskünfte erhalten Sie unter:

Internationale Akademie der Wissenschaften Anstalt
Postfach 1628
FL-9490 Vaduz
Tel.: 00423/233 12 12 Fax: 00423/233 12 14
www.iadw.com / go@iadw.com